成功に導く
中小製造企業の
アジア戦略

櫻井敬三・高橋文行
黄　八洙・安田知絵　著

文眞堂

はじめに

　日本企業とりわけ中小製造企業の行く末を案じる多くの有識者からの声が聞かれ出して相当な年月が経過した。2010年度の中小企業白書では初めて中小企業の海外進出に向けての提言と実際の海外進出成功事例が紹介された。その後，経済産業省中小企業庁の方針を受けて各地方自治体が東南アジアに点在する工業団地に貸工場を建設し，中小製造企業の誘致を始めている。このような渦中で「日本の中小製造業が海外進出することが得策なのか」の論議をしていた研究者4名で本書を出版することとした。

　本書の執筆者4名は，日本経済大学大学院附属価値創造型企業支援研究所内の「アジアビジネス研究会」の中心メンバーである。2013年度から「外資企業に関する研究会」を発足させ，本分野で研究されている有識者（学者や企業人）を隔月でお招きして建設的意見交換してきたところである。2014年度からは科学研究費補助金（中小製造企業を成功に導く海外進出の国際戦略（代表研究者：高橋文行，(26380559))）を取得し，共同研究が本格的に推進できる環境が整った（科研費では東アジアを対象とすることにしたことから2014年度から本研究会の名称を「アジアビジネス研究会」に改組)。4名は個別にまた複数人でそれ以前から東アジア地域を中心に日系進出企業，非日系進出企業，地場企業，そして各国の大学，関係組織との直接インタビュー調査やアンケート調査を行い，200カ所以上の中小製造企業他を訪問している。また4名中3名は生まれ（母国）が中国や韓国であることから日本人の偏った目線でない東アジア地域の広域性を意識した視点での意見交換がなされている。本書は，各人の得意分野を網羅しつつ，科研費案件での共同研究を加えてまとめられた。

　ここで取り上げる対象地域は東アジアに限定している。ここでいう東アジア地域とは，ユーラシア大陸の太平洋側に面した北はモンゴル，南はバングラデシュ以西を除く東南アジア地域の15カ国を指す。この地域における政治・経済のリーダーの一カ国は日本である。日本の東京（羽田）からどの国の首都ま

でも飛行機で，6時間以内で行ける近隣国であり，歴史的にも日本人にとって身近な国々である。日本を除く他の国々は総じて目下経済成長の途上にあり，日本からの支援を通して更なる発展を遂げる可能性が大いにある国々である。本観点から中小製造企業にも海外進出の可能性が高いと思われる地域であるとの認識からこの地域に絞ったのである。

　競争的資本主義経済下で20年前から始まったとされるグローバル化社会の到来で，中小製造企業と言えども，海外との接点を持つことは必要不可欠であることは容易に理解できる。ただし「だから海外進出ですね」とはならない。そのことを本書から理解してほしい。本書では，極力，筆者らが現地で見たり，聞いたりしたことを事例として掲載した。またその事例をどのように解釈するかもできるだけ平易な言葉で記述した。理由は言うまでもなく，専門家だけではなく，実際に海外に関心を持たれた中小製造企業の経営者にも読んでいただきたかったからである。もっともらしい一般化した理論を述べるよりも，より現実的事例を紹介することで，参考にしてもらいたいからである。以前，東南アジアのある国のJETRO（日本貿易振興機構）に訪問したおり，その責任者が「ポジティブに話しましょうか？　それともネガティブに話しましょうか？　大学の先生ですから後者が良いですね？　普段，新たに進出しようとする日系経営者が来られた時には前者でしか話しませんが」と前置きをされ，その国の直近の状況を話されたことを思い出す。筆者は日系経営者にも後者で話してほしいと思ったのである。進出後，こんなはずではなかったでは済まされないからである。その点で本書では事実を極力ありのままに記述することを心がけたつもりである。

　以下読み進む上での指針である。

・序章「中小製造企業の海外進出はメリットがあるか？」（執筆　櫻井敬三）で本書の結論を提示する。
・第1章「データから見る中小製造企業海外展開の動向」（執筆　高橋文行）では直近のデータで東アジアの現状を理解いただきたい。
・第2章「多民族，貧富の差，中所得国で留まる現実，各国事情把握」（執筆　櫻井敬三）では日本の単一民族国家では想像もできない複雑な要因を理解いただきたい。

・第 3 章「海外進出する中小製造企業」（執筆　櫻井敬三）では海外進出とは，進出課題，失敗しないための視点など事例で紹介する。
・第 4 章「企業の海外進出戦略と立地優位性の追求」（執筆　安田知絵）では立地の優位性等の観点から近年になって再び注目を浴びている図們江地域を紹介する。
・第 5 章「進出後の現地人材育成の現状と課題」（執筆　黄八洙）では海外進出企業の現地における人材育成について，主に日韓企業の現状と課題を紹介する。
・第 6 章「成功に導く東アジア進出戦略」（執筆　高橋文行）ではどのように進出先を選択するか，どのような国際戦略を展開してよいかを考察する。
・結章「海外進出に関する国際戦略を策定するポイント」（執筆　高橋文行）で全体を通しての総括提言を提示する。

　序章と結章は 4 名の意見交換内容を集約する形でまとめたものである。その他各章は担当者が各人の研究成果をもとに書き下ろした内容である。したがって序章と結章の内容との温度差（結論内容との相違）があることをご容赦いただきたい。これは聡明な読者が咀嚼して解釈いただきたい。

　なお，執筆者 4 名の浅学のための間違った認識や表現があると思われる。その点についても賢明な読者に建設的批判での読み替えをお願いしたい。

（2017 年 9 月 1 日　執筆者一同）

目　次

はじめに……………………………………………………………………… i

序　章　中小製造企業の海外進出はメリットがあるか？ ……… 1
  0.1　東アジア地域を海外進出先として検討する ……………………… 2
  0.2　国際戦略とは取引先が海外であるとの認識を持つこと。
       海外進出だけではない ……………………………………………… 3
  0.3　製造業の場合には海外進出リスクは他の産業と比較し大きい …… 5
  0.4　中小製造企業が海外進出するのは命がけ。だから差別化を ……… 8
  0.5　製造企業の起業なら海外進出も選択肢の一つである ……………… 9
  0.6　日本の中小製造企業の国際戦略は如何に ……………………………11
    0.6.1　企業独特の特徴を持っていること ……………………………11
    0.6.2　海外進出するならば下請企業からの脱皮を行うために ……12
    0.6.3　起業するならば東アジア各国への進出 ………………………13

第1章　データから見る中小製造企業海外展開の動向 ……………15
  1.1　中小製造企業の現状 …………………………………………………16
  1.2　中小製造企業の海外展開 ……………………………………………18
  1.3　世界で注目される東アジア地域 ……………………………………27

第2章　多民族，貧富の差，中所得国で留まる現実，
　　　　各国事情把握 ……………………………………………………33
  2.1　東アジア地域諸国の比較 ……………………………………………35
    2.1.1　東アジア地域の人口と国別比較 ………………………………36
    2.1.2　単一民族国家であるか，それとも多民族国家であるか ……36
    2.1.3　中華系人口とビジネス …………………………………………38
    2.1.4　植民地政策と地理的環境 ………………………………………40

2.1.5　政治的体制の相違 ……………………………………… *43*
　　2.1.6　各国の国民が信ずる宗教 ………………………………… *43*
　2.2　貧富の差が生み出す経済活動への影響 ………………………… *44*
　　2.2.1　ジニ係数による比較 ………………………………………… *44*
　　2.2.2　中所得国の罠（中国とマレーシア）………………………… *46*
　　2.2.3　中国の懸念材料 …………………………………………… *47*

第3章　海外進出する中小製造企業 ……………………………… *50*

　3.1　海外進出する中小製造企業に求められること ………………… *52*
　　3.1.1　日本品質を前面に …………………………………………… *52*
　　3.1.2　特徴ある技術力 ……………………………………………… *53*
　　3.1.3　下請からの脱皮 ……………………………………………… *55*
　　3.1.4　資金力や現地情報の確保 …………………………………… *56*
　　3.1.5　命がけのチャレンジャー …………………………………… *56*
　3.2　グローバル化が進んだ段階での海外進出の課題とその方策 …… *58*
　　3.2.1　まず海外企業との取引開始（資材調達，製品・部品販売）…… *58*
　　3.2.2　撤退を意識した経営 ………………………………………… *60*
　　3.2.3　進出先で骨を埋める覚悟で進出
　　　　　（市場は進出先とその周辺に限定）……………………………… *60*
　　3.2.4　資金余裕が必要だが最後は進出先の人々との信頼関係が
　　　　　決め手 ……………………………………………………………… *62*
　3.3　失敗しない海外進出を実現する経営戦略（事例を中心に） …… *64*
　　事例1：日本品質が生きた下請からの脱皮戦略
　　　　　　―日本で下請から中国で自主独立へ― ………………… *64*
　　事例2：進出国の市場だけを意識した戦略
　　　　　　（テラモーターズ社の場合）………………………………… *68*
　　事例3：日本の工場をたたみ海外工場を展開
　　　　　　―日本へのバイバック中心だが儲かる経営― ………… *74*
　　事例4：自動車・家電の集積地域の後工程に特化戦略
　　　　　　―マレーシアの日系塗装工場― ………………………… *80*

事例5：「100％現地調達（部品も工作機械も）・生産方式は手動で」
　　　　　の実利戦略 ･･･ 83
　3.4　小括：海外進出の決め手は進出国とのコミュニケーションが
　　　　　大切 ･･ 86

第4章　企業の海外進出戦略と立地優位性の追求
　　　　──図們江地域を中心に ･･ 89

　4.1　はじめに ･･ 90
　4.2　地理的特殊性 ･･ 92
　　4.2.1　中国の地理的・文化的特徴 ････････････････････････････････ 92
　　4.2.2　図們江地域の立地的優位性 ････････････････････････････････ 93
　4.3　経済データからみる図們江地域 ････････････････････････････････ 98
　　4.3.1　経済指標でみる東北地域 ･･･････････････････････････････････ 98
　　4.3.2　貿易データからみる東北地域 ････････････････････････････ 100
　　4.3.3　貿易特化係数でみる競合・補完関係 ････････････････････ 102
　4.4　図們江地域開発と日本 ･･･ 112
　　4.4.1　日本地方政府を媒介しての交流 ･･････････････････････････ 112
　　4.4.2　吉林省延吉市・琿春市の企業事例 ･･･････････････････････ 116
　　4.4.3　有望協力分野と進出戦略 ･･････････････････････････････････ 119
　　4.4.4　「図治会」からみた今後の課題 ･･･････････････････････････ 123
　4.5　まとめ ･･ 124

第5章　進出後の現地人材育成の現状と課題
　　　　──ミャンマーとベトナムにおける韓国系企業と日系企業の
　　　　　　事例を中心に ･･ 128

　5.1　中小企業の海外進出と人材育成 ････････････････････････････････ 129
　　5.1.1　海外進出の背景と傾向 ･････････････････････････････････････ 129
　　5.1.2　海外進出企業の現地人材育成 ････････････････････････････ 130
　　5.1.3　中小企業の海外進出と人材育成 ･･････････････････････････ 132
　5.2　ミャンマーにおける韓国系企業と日系企業 ･････････････････ 134

5.2.1　韓国系企業の人材育成の現状 ………………………………… *134*
　　　　事例1：建材流通・製造業A社 ………………………………… *135*
　　　　事例2：消費材製造業B社 ……………………………………… *136*
　　　5.2.2　日系企業の人材育成の現状 ………………………………… *138*
　　　　事例3：機械関連業C社 ………………………………………… *138*
　　　　事例4：消費関連製造業D社 …………………………………… *140*
　　　5.2.3　コア人材育成の現状と特徴 ………………………………… *142*
　　5.3　ベトナムにおける韓国系企業と日系企業 ……………………… *143*
　　　5.3.1　韓国系企業の人材育成の現状 ……………………………… *144*
　　　　事例5：消費材製造業E社 ……………………………………… *144*
　　　　事例6：消費材製造業F社 ……………………………………… *146*
　　　5.3.2　日系企業の人材育成の現状 ………………………………… *148*
　　　　事例7：機械関連製造業G社 …………………………………… *148*
　　　　事例8：素材関連製造業H社 …………………………………… *150*
　　　5.3.3　コア人材育成の現状と特徴 ………………………………… *151*
　　5.4　コア人材の育成と人材の現地化 ………………………………… *153*

第6章　成功に導く東アジア進出戦略 ……………………………… *156*

　　6.1　中小企業の国際化理論と海外展開支援 ………………………… *157*
　　6.2　東アジア進出におけるリスクマネジメント …………………… *160*
　　　6.2.1　多種多様な海外リスク ……………………………………… *162*
　　　6.2.2　進出先の立地選択と経営上のリスク管理 ………………… *163*
　　6.3　インタビュー調査による企業事例 ……………………………… *167*
　　　　事例1：国際企業を目指す雑貨・縫製加工企業
　　　　　　　（中国，ミャンマー）………………………………………… *167*
　　　　事例2：技術開発型のグローバル企業を目指す精密プレス製造企業
　　　　　　　（タイ）…………………………………………………… *169*
　　　　事例3：労働力確保と成長市場を求め海外進出釣具製造企業
　　　　　　　（ベトナム，中国）………………………………………… *171*

　　　　事例4：人材確保を目的として進出するオフショア開発委託企業
　　　　　　（中国，ベトナム，ミャンマー） …………………………… *172*
　　　　事例5：グローバルSCM構築の繊維産業における日系アパレル
　　　　　　企業（中国） ………………………………………………… *175*
　6.4　現地で見た中小製造企業の東アジア進出の戦略行動 ………… *178*
　　6.4.1　「世界の工場」から「世界の市場」へと変貌する
　　　　　中国ビジネスの展開 ……………………………………… *178*
　　6.4.2　リスク分散型アジア発展途上国への進出 ………………… *179*
　6.5　成功に導く中小製造企業の東アジア進出戦略 ………………… *181*
　　6.5.1　経営者のグローバル・マインドとリーダーシップが
　　　　　求められる ………………………………………………… *181*
　　6.5.2　進出前に十分な情報収集と多面的検討を行う …………… *182*
　　6.5.3　信頼できるビジネスパートナーの確保 …………………… *183*

結　章　海外進出に関する国際戦略を策定するポイント ………… *186*
　1．グローバルな立地戦略 …………………………………………… *187*
　2．リスクマネジメントの視点 ……………………………………… *189*
　3．国際戦略の策定のポイント ……………………………………… *189*

索引 …………………………………………………………………………… *193*

序　章

中小製造企業の海外進出はメリットがあるか？

　　中小製造企業が海外進出する際には，入念な進出準備をし，海外進出リスクを極力削減し，経営者が国内事業展開と同程度の事業成功を確信しない限り控えるべきである。その理由は，資本力があり，ヒト・モノ・カネで投資が可能な大手製造企業でも苦労しているからである。資本力が乏しい中小製造企業が新たな市場への進出という選択肢としての海外進出を考えるのであれば，成功確率が80％以上でなければ実施してはいけないと言えよう。下記に具体的な中小製造業の国際戦略での前提条件とその方策を列挙する。
《進出する上で認識すべきこと》
　1）国際戦略とは取引先が海外であるとの認識を持つこと。海外進出だけではない。
　2）製造業の場合には海外進出リスクは他の産業と比較し大きい。
　3）中小製造企業が海外進出するのは命がけ。だから差別化を。
《基本的方策の指針》
　前述の認識から中小製造企業が日本国内と同じ事業環境のままで海外進出することは薦められない。ただし，以下が揃えば海外進出の可能性も浮上する。そのための基本的方策の指針を明らかにする。
　1）規模の大小に関係なくその企業独特な特徴を持っていることが求められる。
　2）海外進出するならば下請企業からの脱皮を行うための進出であるべきである。
　3）製造業で起業するならば東アジア各国への進出が考えられる。

0.1　東アジア地域を海外進出先として検討する

　東アジア地域[1]は日本から近く時差が数時間しかないこと，比較的考え方も近い人種が多いこと，今後の経済発展の可能性も高いこと，それから日本の大企業がすでに進出し，成功・失敗の両方の経験を踏まえた問題点指摘や課題解決方策など多数の実例があること，そうしたことから検討先として良い選択肢である。

　東洋経済 ON LINE（2016）によれば，2004年当時は新規の海外進出国では中国が断トツの1位であったが，2012年度では中国が半減し28.7％に下落し，ASEAN諸国（ブルネイとラオスを除く8カ国）や韓国，台湾[2]が合計で37.7％に上昇している。したがって東アジア地域が海外進出先では全世界の66.4％を占める勢いである[3]。

　ただし検討対象として問題がないわけではない。詳細は第2章で述べるが，自国内民族対立，国家間民族対立，国内貧富差，諸国間経済格差，千差万別の政治経済体制，国家間労働人口流動化など日本では想像できない諸問題が山積しているのである。

　以下，東アジア地域への海外進出先を考える観点での筆者らの考え方をまずまとめて記述する。本序章を読まれた後から，第1章以下を読まれることをお薦めする。

---

[1]　ここでは，日本，中国，韓国，台湾，ASEAN10カ国，モンゴルの15カ国を指す（北朝鮮は含まず）。
[2]　東アジア地区の中国を除く進出国の比率は，インドネシア9.5％，タイ8.3％，ベトナム5.7％，シンガポール3.8％，韓国3.1％，マレーシア2.6％，台湾2.0％，カンボジア1.1％，フィリピン0.8％，ミャンマー0.8％である。
[3]　他にアジア圏ではインドが5.4％である。

0.2　国際戦略とは取引先が海外であるとの認識を持つこと。海外進出だけではない

　国際戦略とは海外進出することだけでなく，取引先（仕入先を含む）が海外企業であるとの認識を持つことが大切である。過去の大企業の国際化を見てもわかる通りである。近藤（2004）によれば，日本の大手製造企業の国際戦略は下記手順で進行した[4]。

　　第一段階　商社などを通じた間接輸出
　　第二段階　自ら直接輸出のため海外販売会社を設立（直接輸出）
　　第三段階　生産子会社や現地合弁会社設立による現地生産
　　第四段階　海外生産・第三国輸出も
　　第五段階　OEM 生産・第三国輸出も

　過去の経過では，第三段階までは日本の市場で売るためのバイバックが中心であった。その後，日本市場の鈍化のためと海外進出した国々の市場を意識した戦略へと変わり，第四段階以降にはバイバック以外に生産している国やその周辺国，さらには第三国への輸出まで手掛けるようになった。すなわち，国際化は各企業がいろいろな海外企業との商取引上のノウハウを蓄積しながら，段階を踏んで現地生産，さらには現地販売，第三国輸出までと進化していくものである。

　ここで，注意したいことが二つある。一つ目の注意点は，国際化の目的の明確化である。『中小企業白書（2010 年度版）』に「国際化を行うことになったきっかけ」のアンケート調査結果（2009 年 11 月）がある（第 2-2-17 図）。それによると新市場志向と新生産拠点志向の 2 通りがあることがわかる。前者は① 自社製品に自信があり海外市場で販売（38％），⑤ 国内販売が不振から海外市場へ（21％）である。一方後者は② 取引先の生産拠点が海外移転のため（23％），③ 取引先のコスト削減要請に対応するため（22％），④ 取引先に薦め

4　筆者は第三段階以前が国際化で，第四段階以降がグローバル化と考えている。

られた (21%) である[5]。なお，海外生産を始めた中小製造企業は全体のわずか2.5%に過ぎない[6]。国際化の目的として前者の新市場志向の場合には海外企業との取引開始であり日本で製造しながらでも対応できるのである。たとえば，匠の金型技術を持ち精密プレス加工ができる某中小製造企業は，海外開催の展示会に出店し国内親企業と競争関係にある企業への注文を取り付け，国内生産し業績を向上させている。ただし技術が優れていることが絶対条件となる。

一方後者の場合には，日本での生産が今後とも実施できない状況にあるかどうかを見極めた上で海外生産に踏み切ることが絶対条件となる。その際1980年～1990年代に日本の親企業に薦められASEAN諸国に生産拠点を作り海外進出したが，その後，親企業の業績不振から取引関係を打ち切られた電機業界や精密機械業界の中小製造企業が多数いたことを十分認識した上でアクションすべきである。ただし絶対条件の例外として本書では日本国内での下請取引関係をなくす目的での海外進出を容認する。本目的での海外進出は慎重を期す必要性はあるが実施しても良いとの認識で以下論調する。なお第3章にはその成功事例を紹介する。

二つ目の注意点は，他の組織（主に自治体誘致）の力を借りて海外進出しないことである。近年地方自治体が推し進めている，海外に貸工場を建設しその自治体内の中小製造企業の海外進出（企業誘致）を手助けする施策がある。地方自治体がASEAN諸国の海外投資を受け入れる工業団地内に日系中小製造企業への貸し出しを目的とした工場を建設し，その貸工場敷地を切り分けて貸し出すものである。これにより日本からの生産拠点移設をしやすくする施策である。これらの勧誘パンフレットには，海外進出に伴うリスクは工業団地に常駐する地方自治体職員が対応することが書かれている。しかしこの謳い文句に騙されてはいけない。なぜならば，前出した通り，日本の大手製造企業でさえも海外進出時にはそれまでに自社が海外で培ったノウハウをもとに，進出先国の決定や国内外の取引先の関わりから最適候補地を探し出し，その進出予定の国の各種リスクを配慮し最終決定し進出したのである。しかし中国大連市の事

---

[5] 複数回答があるため合計して100%以上になる。
[6] 海外との取引を始めた企業数は従業員300人以下で18.4%の企業である。但し50名以下だと5%の企業に過ぎない（『中小企業白書（2010年度版）』第2-2-2図）。

例では，2/3近くが撤退せざるを得なかった事実がある（次節参照）。このことをよくよく噛みしめてほしい。なぜならば，日本から海外に進出することは，あらゆる面で環境が違うということであり，地方自治体から派遣された職員がそのすべてをフォローできるとは思えない。またその進出した企業すべてに100％対応できるとも思えないのである。もしも中小製造企業が海外進出を決定し行動するならば，その現場を任せる自社責任者には愛社精神のある社員を派遣し，権限を委譲することが肝要と考える。決して他人任せでの進出（地方自治体の現地職員任せ）ではすまないのである。第6章事例3で紹介するベトナムのホーチミン市から北に約100kmの工業団地はまだ野原の中にあった。その工業団地に進出した中小製造企業は釣り具を生産していた。その工場責任者である日本人は，その工場の二階にある居住スペースで寝起きしている。夜は物騒なので工場敷地内に番犬を放し飼いにしているという。一週間に一回20km離れた町に食糧を買い出しに行き，自炊の生活をしながら工場運営しているのである。またベトナムのホーチミン市から西に30kmほどいったところにある工業団地では，ベトナム戦争時難民として日本に来ていた（当時親と一緒に日本にきた高校生）がその後，10数年世話になった金属加工業の中小製造企業の新ベトナム工場の責任者として母国に錦を飾り，愛社精神を発揮し，はつらつとした対応ぶりであった。要するに企業は規模の大小にかかわらず，その企業への愛社精神のある社員による自社を発展させるための気構えと具体的施策とその実施なくして企業存続はないのである。すなわち他人任せのアプローチは短期ではうまくいく可能性はあるが，中長期の経営を考えた場合には決して良い結果は生まれないと考えられる。したがって日本の地方自治体が押し進めている支援活動には筆者らは組みしない経営を心掛けるべきだとの認識で以下論じていく。

0.3　製造業の場合には海外進出リスクは他の産業と比較し大きい

製造業種では特に人的資源，生産設備，資金確保の3要素で，どれをとっても海外進出のリスクは大きい。そのリスク回避策を模索検討することは大切だ

が，日本の大手製造企業が経験した進出後の撤退件数をみると海外進出リスクは他の産業（たとえば卸業，小売業，サービス業など）と比較し大きい。たとえば筆者が調査した大連市[7]では 1984 年から開放政策が行われ，これまで 30 年間で同市に海外進出した日本の製造業は 3500 社あったが現在 1400 社が留まっているに過ぎない。2/3 近くが撤退を余儀なくされている。人的資源について言えば，最低賃金制が導入され毎年賃金上昇がなされ，工員の月給は日本と比較し安い水準ではなくなりつつある。また日系企業に勤務していたことがキャリアになるため離職率が高く，近年では IT パークなどの人気エリアや旅順の中国造船エリアへの就職が活発化しており，その影響から日系製造企業（一般機械・電機・精密業界）への就職希望者が激減している。

　最近話題になるチャイナプラスワン[8]が現実化している。『中小企業白書（2010 年度版）』によれば，初めての海外投資国のトップは，2004 年当時中国が全投資先の 60％近くあった。しかし，2012 年には 30％を下回る水準となり，ASEAN 諸国への進出が中国進出を上回る水準になっている。たとえば某中小製造企業（第 3 章事例 3 の B 社）は 2000 年初頭に当時，神奈川県にあった工場を閉鎖し，日本での生産を止め，大連市に貸工場を借りて設備もすべて中国製工作機械を購入し自ら改造（NC 部はファナック製）し，現地社員に徹底した品質管理を要求し，日本で製造していた水準の製品を生み出している。ただし，今後はベトナムへの移転も視野に入れ，現在素材などをベトナムから調達し始めている。もし他国へ移転をすることになるとそれまでの苦労が一瞬にしてゼロになる。日本国内での移転であれば，育てあげた社員に新たな新工場の近くに移り住んでもらうことも可能性としてはあり得る。しかし，A 国から別の B 国ではそれもかなわない。要するに新たな移転先が異なる国の場合には今までの努力がゼロになることを十分に理解しておくことが大切である。

　第 6 章事例 5 で紹介する上海に程近い地区にあるアパレル関係の日系企業の現地法人の責任者（中国人）に聞いた話では，アパレル業界で中国から別の国

7　大連市はほぼ新潟県と同じ面積で中国遼寧省の遼東半島に位置し，1984 年以降の開放政策で経済技術開発区が設けられ，日本からも近いことから多くの日本の製造業が海外進出した。

8　主に製造業において，生産拠点を中国への集中投資を改め，たとえば ASEAN 諸国に拠点移転や分散投資する経営戦略のことである。近年の中国の賃金水準上昇，経済発展の鈍化，カントリーリスクなどから新たな国々への再投資が行われている。

への移転が可能な日系企業は業界内の数社しかないだろうとのことであった。要は投資しただけの見返りが期待できないのである。前述した人的資源のポテンシャルがゼロになるだけでなく，生産設備の投資対効果，さらにもっと深刻なことが，アパレル産業だとすでに日本にはモノづくりの技術ノウハウがなくなりその結果として技術ノウハウ伝承が日系企業でありながら，次の国へは日本人ではなく中国人による伝承しかできないのである。そのために日系企業の経営者はどう対応できるかの問題である。

　筆者がカンボジアで目撃したことを記す。カンボジアの工場団地ではちょうど，中国の南部地域で皮革製品（カバン，財布）を製造している日系企業が，中国工場からカンボジア工場への技術移転をしているところであった。経営者は日本人だが，中国工場を立ち上げて，すでに30年余が経過し中国工場には社員が集まらず，毎年従業員の平均年齢が1歳ずつ上がるという日本の中小製造企業と同様な状況にあり，やむなくカンボジア工場を立ち上げたというものである。すでに技術が中国人任せとなり，その工場移転には中国人のスタッフ10名が常駐してカンボジア人を指導監督していた。その工場の日本人の責任者は流暢な広東語でその中国人スタッフに命令口調で指示をしていた。その日本人（40歳前後の青年）は中国工場で10数年責任者として働いている経歴を持つ人物で，それ以前は中国で別の仕事をしていたようである。本責任者に率直に「中国工場は閉鎖するのですか？」と問うと，その回答は「閉鎖はしない。しかし中国人が集まらないから，将来は，必然的に中国工場はなくなるだろう。しかし極力，現状の中国人社員を雇用し続けていきたい」であった。海外進出による人的資源管理は技術移転ノウハウの伝承問題も含め大変深刻な状況にある。

　なお海外進出に伴う生産設備は日本から持ち出せても，その後移転や廃業となると，もはや持ち出したり，売却したりできないのが現実であり，日本国内の移転とは全く異なることを海外進出時から十分認識しておく必要はある。

　人件費高騰等への対応で次から次へと海外移転し続けると最後は南極移転する——こうした笑い話があるが，海外進出・移転は国内移転では考えられないほどの消耗戦になりかねない。最初の海外進出時から未来のあり方までを見通した対応が必要不可欠である。

0.4 中小製造企業が海外進出するのは命がけ。だから差別化を

　機動力はあるが，事業規模が小さいとされる中小製造企業が海外進出することはそのリスクを考えると企業存続に関わる問題である。だからこそ，他社にない独自技術や経営戦略が求められる。それなくして海外進出することは無謀である。

　他社にはない経営戦略で ASEAN 諸国への進出で成功している中小製造企業があるのだろうか？　筆者は 2012 年 1 月に創業 2 年目のテラモーターズ社の徳重徹社長と 2015 年 3 月にミャンマー進出 3 年目のゴールデンバーグ社の金沢秀憲社長にインタビュー調査した[9]。両企業はその成功者である。両社長に共通していることは年齢が 40 歳前半でグローバルな視野で海外進出を果たし業績を向上させていることである。

　テラモーターズ社の徳重徹社長[10] は，電動バイク（二輪車・三輪車）をベトナムとインドで生産し主に東南アジアとインド地域で発売している。徳重社長いわく「世界市場での競争企業動向や今後の同市場の長期展望を考え抜き経営戦略を練った。日本発の世界で通用するベンチャー企業として成功させたい」。2016 年現在，創業 6 年目であるがベトナム市場で宿敵中国企業を排除し，いよいよ本丸のインド市場への販売が始まっている。

　もう一人，ゴールデンバーグ社の金沢秀憲社長[11] は，平成のサクセスヒーローかもしれない。無一文で中国に渡り，たたき上げでのし上がり一代で財を成し，2012 年にミャンマーに進出し，その財でミャンマーの貧しい民のための財団を作るとともに，縫製工場を買収し皮革製品（バッグなど）を作る工場

9　徳重徹社長は第 3 章事例 2 で紹介する。また金沢秀憲社長は第 6 章事例 1 で紹介する。
10　住友海上火災保険株式会社にて商品企画等等の仕事に従事。その後米国ビジネススクール（MBA）に留学し，シリコンバレーのインキュベーション企業の代表として IT・技術ベンチャーのハンズオン支援を実行。その後ソニー元会長出井氏らの出資でテラモーターズ社を設立。
11　商社勤務後 26 歳で中国に 6 万円の自己資金で単身乗り込み，日本と中国の橋渡しビジネスで成功。それを元手に樹脂金型成型企業，金属加工企業，電子部品製造企業等を次々に買収し日本の大手企業への OEM ブランド商品を手掛け事業を発展拡大した。その後ミャンマーに進出中である。

を立ち上げ，さらに同国の工業相を説得し，ヤンゴン市の北60kmにあるバゴーの元軍の関連企業があった敷地と建物を「日本企業専用の工業団地プロジェクト」として50年間借りる契約を結んだ。氏いわく「自分がゼロから立ち上げた経験があるからこそ，アドバイスができる。日本から海外進出する中堅中小企業の支援をしたい」。

両氏に共通していることは沢山の人脈を持ち，そのためのコミュニケーションスキルが高い点である。徳重氏は英語がネーティブレベルで，金沢氏は中国語がネーティブレベルである。その上で，他社では実現できなかった経営戦略を実践しているのである。

0.5 製造企業の起業なら海外進出も選択肢の一つである

図表0-1は，『中小企業白書（2014年度版）』から製造業の開業率と廃業率の推移をプロットしたものである。日本国内では起業した製造企業の開業率が年々低下し，1986年以降廃業率が上回る異常事態である。図表0-1は総務省の事業所・企業統計調査をもとにした中小企業庁の試算で2001－2004年においては開業率2.2％／年に対して，廃業率は5.7％／年の水準となり，もはや製造業は減少の一途をたどっている。また2009－2012年には廃業率は変わらないが開業率は0.7％まで低下してしまっている。一方卸業や小売業やサービス業は同データによると製造業の2倍～3倍の開業率で推移している。製造業は流通業やサービス業とは全く違うのである。

その理由は起業時の設備資金とその後の運用資金が高額なためである。一般的に初期投資の機械設備投資が数億円から数十億円必要で，その設備を置くための土地の手当てや建物などを考えると少なく見積もっても数十億円の投資が必要になる。また開発費用など当面の売上回収ができない経費も掛かり，当面準備すべき運転資金も用意しなければならない。したがって日本では自力で資金を用意する場合，なかなか起業することが難しいのである。

図表 0—1　製造業の開業率と廃業率の推移（事業所ベース，年平均）

年	開業率	廃業率
1966-69	6.0	2.5
1969-72	3.2	5.6
1972-75	3.4	4.3
1975-78	2.3	3.4
1978-81	2.5	3.7
1981-86	2.9	3.1
1986-89	2.8	3.1
1989-91	3.1	4.0
1991-94	4.0	4.5
1994-96	1.5	4.0
1996-99	1.9	5.3
1999-01	3.9	6.6
2001-04	2.2	5.7
2004-06	3.4	5.4
2006-09	1.2	5.8
2009-12	0.7	5.7
2012-14	3.4	5.5

出典：『中小企業白書（2014年度版）』データをもとに作成。

　2年前に河野順一氏（1930年生まれ）[12]から聞いた「現在のミャンマーは第二次世界大戦直後の日本のようである」との言葉を思い出した。もし製造業で起業するならば，ミャンマー他ASEAN諸国であれば，戦後ベンチャー企業として起業し成功したソニーの井深大氏のような起業家になれるかもしれないのである。

　前節で紹介した徳重社長と金沢社長の両名以外にもたとえばカンボジアで事業を開始し成功しつつある青年は農産物の栽培から製品販売までを6次産業化するビジネスモデルでブレークしようと努力中である。他にも沢山の青年たちががんばっているところである（筆者インタビュー調査による）。

　ASEAN諸国の物価水準は国々でまちまちだが，年齢が若く（40歳前後）かつ製造企業を起業したいと考えている方々は，命のリスクを覚悟すれば，起業も夢ではないと思う。ただし，その成功確率は低いことが想定される。筆者想定では4〜5％程度と思われる。しかし，今日日本国内で製造企業を立ち上げることは不可能に近いので，製造業の起業先として海外進出を試みることは考えられる。その海外としてASEAN諸国で起業することは十分可能性がある。どうしても起業したいという40歳前後までの青年がチャレンジしてみる

---

[12] 一般社団法人ミャンマージャパンSEDA東京の代表理事

価値はあると思う。

0.6　日本の中小製造企業の国際戦略は如何に

本章のはじめに以下のように書いた。
中小製造企業が日本国内と同じ事業環境のままで海外進出することは薦められない。ただし，以下が揃えば海外進出の可能性も浮上する。
1）規模の大小に関係なくその企業独特な特徴を持っていることが求められる。
2）海外進出するならば下請企業からの脱皮を行うための進出であるべきである。
3）製造業で起業するならば東アジア各国への進出が考えられる。
上記1）～3）について少し詳しく言及したい。

0.6.1　企業独特の特徴を持っていること

「企業独特の特徴を持っていること」とは，他社にできないことができるということである。もし世界中で1社しかできないことであれば，どこで生産しようと顧客はやってくるだろう。本章2節で紹介した匠の金型技術を持ち精密プレス加工ができる某中小製造企業は，通常切削加工で形状を製作することをせずに，冷間鍛造で100分の1mmの精度まで出せる金型技術と精密プラス技術を持っている。その結果1ピース製作費は，同じ形状の切削加工の場合の約20%である。その精密プレス機にセットする金型製作用工作機械はすべて自社設計で大手工作機械メーカーに特別注文したもので，世界で一台しかない工作機械なのである。また，その工作機械の性能を最大限に発揮するために，外部振動（自動車や電車などの移動に伴う振動）を極力少なくするために地下3Fに据え付けているのである。顧客にとって費用が1/5になるメリットは大きい。他社が追従できないようにすべてブラックボックス化していることもすばらしい。海外の展示会に出店し説明すれば，顧客は納得しわざわざ日本の工場に足を運んでくれるのである。以前この会社も海外工場を持っていたことが

あったが，自社の技術レベルが世界的に優れていることを認識して，海外工場を閉鎖した経緯を持っている。

　実は多くの中小製造企業は自社の技術レベルをきっちり把握していないことが多い。そのため折角の企業独特の特徴を他社にみすみすただで盗まれてしまっていることが多い。日本の大手製造業では協力企業（一般的には下請企業が多い）から提案を募るというかたちで，ただで技術ノウハウを盗む場合がある。たとえば，製造技術などで，特別な治工具を作り精度を向上したり，成型法に工夫を凝らすなどして多品種少量生産に対応するなど，そうしたことが極当たり前で他社もできるものと勘違いしていることがよくある。筆者は中小製造企業を訪問し「技術（含む技能）の棚卸」と称し，数カ月に1回はモノづくり現場での工夫内容を再度洗い出し，自社で工夫していることが他社ではできていないかをチェックしてもらうように指導することがある。それは上記のような世界で自社1社しかできない技術を発見するためである。意外と沢山の新技術（新技能）があるものである。その場合にはただちに特許出願するか，特許することでノウハウが漏れる場合には一切公開しない方法によって，自社の技術を守ることを勧めている。前述の精密プレス加工中小製造企業のケースは後者の一切公開しない戦略である。このような技術マネジメントができるようになると，国内生産でも海外生産でも選択肢は広がるのである。海外進出するかの判断材料として「独自の技術を持っていることが求められる」の意味がご理解いただけると思う。

0.6.2　海外進出するならば下請企業からの脱皮を行うために

　本章2節で紹介した「国際化を行うことになったきっかけ」のアンケート調査結果で，新生産拠点を決定する決め手ではすべて取引先からの情報（取引先海外移転，コスト削減の要請，薦められ）に基づき意思決定がなされている。

　日本国内では中小製造企業の約60％が下請型ビジネスをしている。そのビジネスは親企業からの指示が絶対的であり，それに従わない場合には取引を中止されることがあり得るためで，伝統的に取引形態が主従関係で成り立ってきた。したがって日本においては多くの中小製造企業が下請企業として大手製造企業（＝親企業）の傘の下で営業活動することなく，親企業の指示に基づき製

造を分担する分工場的アプローチで対応してきた。第二次世界大戦終了後の約20年間はそれが最も日本にとって有効なビジネスシステムであった。親企業と下請企業にとって双方メリットがあったのである。そのメリットとは下請側にいる企業は営業活動をしなくても良いことや技術指導などによる技術伝承がただで受けられることなどであった。しかしその見かえりとして，指示価格で指定日時での納品など中小製造企業側の意思決定事項はほとんどない状況も存在した。その結果，中小製造企業の体質が強化されることはなく，営業を持たず自社独自技術も持たない企業が多く存在することとなってしまった。

海外進出に関しては1970年代に家電・精密業界，2000年前後に自動車業界の大手製造企業が東アジア地域へ進出し，それに伴い多くの中小製造企業（一部大手1次下請（T1）企業）はその下請企業群として海外進出を果たしたが，その結果今日，親企業の地盤沈下で大きな痛手を被っている現実がある。

ここでよくよく考えなければならないこととして，日本国内の下請（従属的取引）関係を引きずった形での海外進出は得策ではないということである。もし海外進出するならば下請企業からの脱皮を行うための進出であるべきである。そのためには営業力をつけることが肝要であるが，その支援を配慮した中小企業政策は皆無である。したがって中小製造企業は自助努力をしなければならない。第3章の成功事例で紹介する事例1のA社は前述の失敗事例を十分認識した上で親企業の海外進出要請には従わず，自ら入念な準備した上で海外進出して成功している。日本国内での親企業とのしがらみを断ち切るために海外進出することは十分意味のある行動である。

0.6.3　起業するならば東アジア各国への進出

本章の5節で述べた通り，日本での起業は資金面で難しい。自己資金が500万円から1000万円程度あれば，東アジア地域の比較的辺境地であれば，約20倍から40倍の値打ちが出て来る。すなわち日本国内で起業する最低額の数億円の資産価値が出て来るのである。少し前まではEUの東欧地域も一つの選択肢であった。しかし東欧地域はイギリスのEU脱退問題，IS問題，そしてそもそも遠隔地にあり輸送や人的資源の投入などでカントリーリスクが東アジア地域以上にあるように思える。業種業態によっては北米も候補に挙がるかもし

れないが，筆者の海外体験から欧米人の有色人種に対する見方はかなり偏見に満ちており，進出当初からビジネスのハンディキャップを覚悟しなければならない。なおアフリカ地域については時差の件と市場としての魅力で今少し状況が見えて来なければお薦めできない。したがって東アジア地域が最適条件地域と思われる。

参考文献
［1］近藤文男（2004）『日本企業の国際マーケティング』有斐閣.
［2］東洋経済編集部（2016）最新「海外進出先ランキングトップ50」東洋経済 ON LINE　http://toyokeizai.net/articles/-/15578?page=2（検索日2016年8月11日）.
［3］中小企業庁（2010）「国際化と企業活動に関するアンケート調査結果」『中小企業白書2010年度版』.
［4］中小企業庁（2014）「業種別開廃業率の推移（付属統計資料p.716 5表）」『中小企業白書2014年度版』.

（櫻井敬三）

第1章

データから見る中小製造企業海外展開の動向

　経済のグローバル化，人口減少などといった中長期的な経済，社会構造の変化の中で，中小企業の経営環境は，ますます厳しいものとなっている。製造業は，我が国のGDPの2割を占めるとともに，非製造業と比べて生産・雇用への波及効果が大きく，我が国における重要な産業として位置づけられる。

　今日，日本は99.7％の企業は中小企業であり，約3分の2の人が中小企業で働いている。日本の経済，社会と雇用を支え，日本経済の基盤といえる存在である。国内市場の縮小や新興国の需要伸張などにより，大企業だけでなく中小企業においても，海外需要を取り込むため，成長著しいアジアへの展開の拡大する傾向が見られる。東アジア地域には約20億人がいて，世界の人口を70億人と推定とすると約30％であり，巨大な市場であるといえる。実際に，中国，東南アジアへは製造業を中心に多くの企業が進出しており，すでに相当程度の産業集積が構築されている。日本企業の最近の直接投資先は中国から東アジアの新興国へシフトしていることが見られる。

　本章では，経済産業省，総務省，中小企業庁，国際通貨基金（IMF），日本貿易振興機構（ジェトロ）などで公表された最新データに基づいた最近の中小企業の動向に加え，中小製造企業の海外展開の現状を概観する。各国には政治的・地理的・経済的および文化的な違いがあるため，東南アジア諸国連合（ASEAN）＋3（日本，中国，韓国）の13カ国の経済指標および多国間の枠組みでの自由貿易協定の状況を整理し，中小製造企業が直面する東アジアのビジネス環境の課題などを浮き彫りにした。

・全事業者数の99.7％（381万者）が中小企業，全従業者の約70％（3361万人）が中小企業に就業。長期にわたり中小企業は減少傾向にある。

- 現在, 約 1 万社の中小企業が海外展開を行っており, 企業全体に占める割合はまだ少ない。
- 今後 1~2 年の海外事業展開の方向性について, 全体で「拡大」と答えた企業は 52.2%である。生産拠点として重視する国と販売先として重視する国は異なっている。

1.1 中小製造企業の現状

中小企業基本法では「資本金」または「従業員数」により, 中小企業・小規模事業者を定義している。本書における「中小製造企業」とは, 中小企業基本法の定義に基づく資本金の額または出資の総額が 3 億円以下もしくは常時使用する従業員の数が 300 人以下のいずれかを満たす企業である。「海外展開」とは, 生産拠点を中心とした直接投資, 業務委託など, 海外市場におけるビジネスを幅広く包含するものとする。

総務省「平成 26 年経済センサス基礎調査」によれば, 現在の中小企業の数は 381 万事業者で, うち中規模企業は 56 万事業者, 小規模事業者は 325 万事業者, これを合わせると全事業者数の 99.7%を占める（図表 1-1）。従業者数では全体の約 7 割, 約 3361 万人が中小企業であり, 日本の経済, 社会と雇用を支え, 日本経済の基盤といえる存在である。一方, 中小企業数の推移を見てみると, 長期にわたり減少傾向にあることがわかる（図表 1-2）。

図表 1-1　事業者数・従業者数 (2014)

	事業者数	従業者数
大企業	1.1 万者（0.3%）	1,433 万人（29.9%）
中小企業	380.9 万者（99.7%）	3,361 万人（70.1%）
（うち小規模事業者）	325.2 万者（85.1%）	1,127 万人（23.5%）

出典：総務省「平成 26 年経済センサス−基礎調査」データをもとに作成。

図表 1-2　中小企業数の推移

出典:『中小企業白書2016』, p.24 より転記。

図表 1-3　事業所数で見た産業構成比の変化

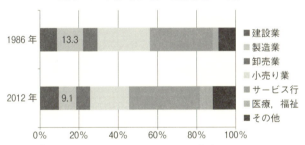

出典:『中小企業白書2015』, p.474 をもとに作成。

　産業構成比に関しては，図表 1-3 に示す事業所数で見た産業構成比を見ると，サービス業，医療，福祉などの業種では割合が増加している一方，製造業，小売業などの業種では割合が低下していることが分かる。製造業については，経済のグローバル化の影響に伴う廃業などから，事業所数が減少しているものと考えられる。ただし，従業員数では製造業が 649 万人，約 20％を占めている（図表 1-4）。

　ここで，製造業における大企業と中小企業・小規模事業者の取引関係を考えてみる。従来は，大企業と中小企業・小規模事業者との間には，「系列」構造

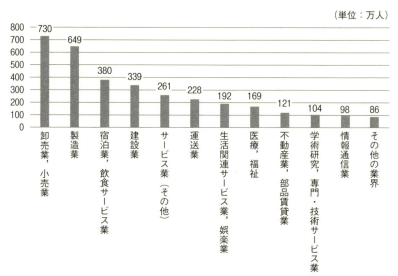

図表1-4 中小企業の業種別従業員数（2014）

出典：総務省統計局「平成26年経済センサス－基礎調査結果」をもとに作成。

に代表される下請取引構造が存在し，大企業の下請を行う中小企業・小規模事業者は，部品や素材の受託加工を中心とした生産活動を行う分業体制になっていることが知られている。

しかし，グローバル化の進展により，下請企業の大企業への依存率は低下傾向となり，常時取引している親事業者の数の増加傾向によって，企業間の取引関係は，少数の取引先に密接に依存したものから，多数の取引先との多面的な取引関係へと変化している。この結果，大企業と中小企業・小規模事業者の間の取引関係が希薄化してると指摘されている（『中小企業白書2015』，p.113）。

1.2 中小製造企業の海外展開

少子高齢化による人口減少に伴う国内市場の縮小や大企業の海外移転などの経営環境の変化が厳しさを増す一方，アジアをはじめとする新興国の発展や，

経済連携協定（EPA）などによる市場の拡大が見込まれている。成長著しいアジア諸国を中心とした外需を取り込むために，大企業だけでなく中小企業においても，貿易取引や直接投資を通じて海外展開を図る必要性に迫られている。

海外展開には，大きく分けて「輸出」と，海外に子会社を持つ「投資」がある。図表1-5は中小製造業と小規模製造業について，輸出企業数と割合の推移を示したものである。長期的に見れば中小企業・小規模事業者における輸出企業の数は，増加傾向にあるものの，全体に占める割合は，中小製造業全体のわずか3.7％の水準にとどまっていることが分かる。

また，中小企業における直接投資の実態について，図表1-6は直接投資を行っている企業数の推移を規模別・業種別に見たものである。2009年から2014年にかけては大企業・中小企業ともに増加しており，2014年の直接投資をした中小企業（6346社）のうち，「製造業」（3221社）についても2009年から大きく増加していることが分かる。「輸出」を行う製造業は約6553社，「投資」を行う企業は約6346社，「輸出」と「投資」双方を行っている企業もあるので，重複を除くと約1万社の中小企業が現在海外展開を行っている状況であ

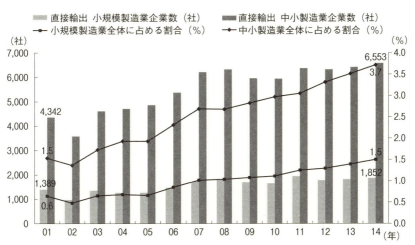

図表1-5 規模別に見た直接輸出の製造業企業数と割合の推移

出典：『中小企業白書2017』，p.16 より転記。

図表 1-6　海外直接投資を行っている企業の割合の推移

	中小企業製造	中小卸売業	中小小売業	その他中小企業	大企業

年	中小企業製造	中小卸売業	中小小売業	その他中小企業	大企業	中小企業計	中小企業が占める割合
01	2,013	1,019	125	986	1,931	4,143 社	68.2%
06	2,944	1,366	142	1,343	2,416	5,795 社	70.6%
09	2,869	1,298	147	1,316	2,347	5,630 社	70.6%
14	3,221	1,406	129	1,590	2,418	6,346 社	72.4%

出典：『中小企業白書 2016』, p.174 より転記。

る。企業全体に占める割合で見れば海外展開をしている中小企業はまだ少ないのが現状である。

　一方，経産省も，毎年，日本企業の海外事業活動の現状と海外事業活動が現地および日本に与える影響を把握することを目的に，海外現地法人の海外事業活動に関する調査を実施している。2017 年 5 月公表の『海外事業活動基本調査』（2015 年度実績）の統計を見ると，2015 年度末における現地法人数は 2 万 5233 社。そのうち，製造業が 1 万 1080 社（43.9％），非製造業は 1 万 4153 社（56.1％）。地域別にみると，北米，アジア，欧州，その他の現地法人数はいずれも増加している。アジアは 1 万 6831 社と全地域の 66.7％を占め，中でも中国が 7900 社（全地域に占める割合が 31.3％，前年度と比べ▲ 0.4％ポイント低下），ASEAN4 は 4493 社（同 17.8％，同＋ 0.3％ポイント上昇），その他アジアは 1614 社（同 6.4％，同＋ 0.4 ポイント上昇）と全地域に占める割合は拡大傾向にある（図表 1-7）。

　中小企業の海外進出先を国・地域別にみるとアジアへの投資が中心となっており，中でも中国への投資が集中している。特に円高が進み，国内需要も低迷していた 1990 年代半ばごろ，日本企業は中国の安い労働力を追い求めて中国に工場を移転し，中国で生産した製品を日本そして欧米諸国へ輸出する海外戦

図表 1-7 現地法人企業数（地域別）

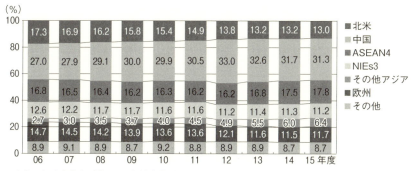

出典：経済産業省『第 46 回海外事業活動基本調査』（2016 年 7 月調査）より転記。

図表 1-8 撤退現地法人数の推移

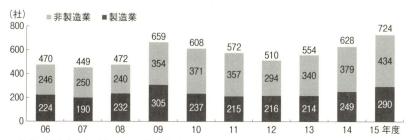

出典：経済産業省『第 46 回海外事業活動基本調査』（2016 年 7 月調査）より転記。

略を展開した。2011 年頃から企業規模を問わず中国へ直接投資を行っている割合は減少傾向に転じている。他方で，東南アジア諸国連合（ASEAN）諸国の割合は大きく増加しており，日本企業の最近の直接投資先は中国から東アジアの新興国へシフトしていることが見られる。

現地法人の撤退の状況について，2015 年度に進出先から撤退した現地法人数は 724 社（前年度と比べ 96 社増）で，製造業 290 社（同 41 社増），非製造業 434 社（同 55 社増）はいずれも増加している（図表 1-8）。

地域別にみると北米が 3.1％（同＋0.9％ポイント上昇），中国が 3.4％（同＋0.9％ポイント上昇），ASEAN4 が 1.8％（同＋0.8％ポイント上昇）と上昇に寄与している。図表 1-9 は撤退数および撤退比率の推移を示している。

2015年度に新規投資,または追加投資を行った企業が投資を決定した際のポイントについて,「現地の製品需要が旺盛または今後の需要が見込まれる」と回答した企業の割合が7割弱と最も高い。これに続き,「納入先を含む,他の日系企業の進出実績がある」,「進出先近隣三国で製品需要が旺盛または今後の拡大が見込まれる」,「良質で安価な労働力が確保できる」となっている(経済産業省,『第46回海外事業活動基本調査』)。

今後1〜2年の事業展開の方向性については,ジェトロは2016年末に実施した「アジア・オセアニア進出日系企業実態調査(有効回答は4642社,有効回答率は42.3％)によると,全体では「海外事業を拡大する」と答えた企業は52.2％となり,2015年(51.2％)から1.0ポイント上昇した。「縮小」もしくは「第三国(地域)へ移転・撤退」と回答した企業の割合は4.2％と,2015年調査(4.9％)から0.7ポイント低下した。国・地域別にみると,「拡大」と回答した企業の割合が最も高かったのはミャンマーで79.7％,続いてカンボジア

図表1-9 現地法人の地域別撤退数および撤退比率の推移

単位:(社,％)

		2010	2011	2012	2013	2014	2015
全地域		608	572	510	554	628	724
		3.2	2.9	2.1	2.3	2.5	2.8
北米		113	110	63	73	70	103
		3.8	3.7	1.9	2.3	2.2	3.1
欧州		106	103	95	76	101	93
		4.0	3.8	3.2	2.7	3.5	3.1
アジア		339	317	314	365	406	466
		2.9	2.6	2.0	2.2	2.5	3.7
	中国	181	166	188	205	274	278
		3.2	2.7	2.4	2.6	3.5	3.4
	ASEAN4	68	65	54	68	44	81
		2.2	2.0	1.4	1.7	1.0	1.8
	NIEs3	74	71	60	80	71	80
		3.3	3.1	2.3	2.8	2.5	2.8

出典:経済産業省『第46回海外事業活動基本調査』(2016年7月調査)をもとに作成。

(72.5％)，パキスタン（71.0％），インド（70.7％）となっている（図表1-10）。中国で「拡大」と回答した企業の割合は40.1％と，2015年調査（38.1％）と比較して2.0ポイント上昇した（図表1-10）。経営上の問題点では，「従業員の賃金上昇」を挙げる企業が全体では最も多かった（65.3％）。国・地域別にみると，インドネシア（82.2％）が中国（77.8％）を抜いて首位となった。以下，ベトナム（75.5％），ミャンマー（75.3％）が続いている。

2015年の製造業賃金昇給率（前年度比，平均）はカンボジア，ラオス，ベ

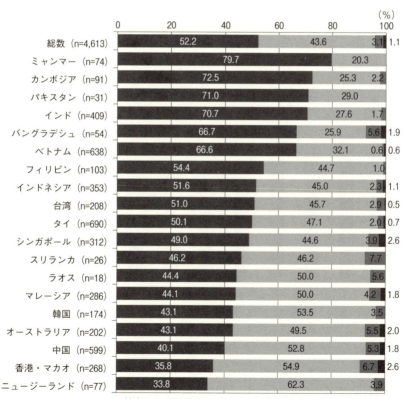

図表1-10　今後1～2年の事業展開の方向性（国・地域別）

出典：ジェトロ「2016年度アジア・オセアニア進出日系企業実態調査」より転記。

トナムなど東アジア新興国[1]が2桁を記録した（図表1-11）。図表1-12は2015年10月時点の作業員（正規雇用の一般工職で実務経験3年程度の場合）の基本給（諸手当を除いた給与）を米ドル建で比較したものである。また，企業が支払う人件費としては，基本給の他に諸手当，社会保障，残業，賞与なども考慮する必要がある。

一般工の賃金水準を見るとき，法律で決められている法定最低賃金の上昇率も，比較の重要判断材料になる。また為替の影響も大きく受けやすいと考えられる。たとえば，カンボジアの最低賃金は2014年2月では100米ドルだったが，2015年1月では128米ドル，2016年1月では140米ドルに引上げられている。ミャンマーの最低賃金は日額（3600チャット）の30倍で月額に換算することで，2015年83米ドル，2016年91米ドルになる（図表1-13参照）。

中小企業の海外進出目的を分類すると，「取引先追随型」，「コスト削減型」，

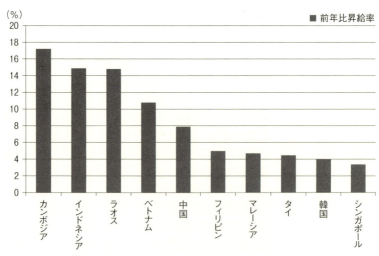

図表1-11　製造業の昇給率（2014年→2015年）

出典：ジェトロ「2015年度アジア・オセアニア進出日系企業実態調査」をもとに作成。

---

[1] IMF "Regional Economic Outlook" のEmerging Asiaの分類に従い，「アジア新興国」として，中国，NIEs（韓国，台湾，香港，シンガポール），ASEAN5（インドネシア，タイ，マレーシア，フィリピン，ベトナム）およびインドを取り上げた。

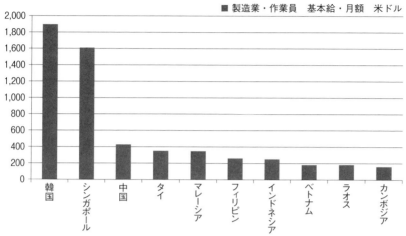

図表 1-12 製造業・作業員の基本給（月額）

出典：ジェトロ「2015 年度アジア・オセアニア進出日系企業実態調査」をもとに作成。

図表 1-13 アジア諸国の月額法定最低賃金（2016 年 4 月 26 日現在）

国・地域	米ドル			前年比上昇率（％）	
中国	2014 年	2015 年	2016 年	2015 年	2016 年
上海	296	324	340	9.4	5.0
シンセン	294	321	-	9.3	-
タイ	2014 年	2015 年	2016 年	2015 年	2016 年
バンコク	293	262	247	-10.5	-5.8
マレーシア	2014 年	2015 年	2016 年	2015 年	2016 年
マレー半島	286	230	234	-19.4	1.5
サバ・サラワク州	254	205	215	-19.4	5.1
ベトナム	2014 年	2015 年	2016 年	2015 年	2016 年
ハノイ・ホーチミン・ハイフォンの都市部	128	141	154	10.1	9.2
上記都市の郊外とカントーの一部ダナン	114	125	137	9.9	9.0
バクニン, バクザン, ハイズオン, ビンフック等	100	109	119	9.6	8.8
その他のエリア	90	98	106	8.5	8.0
カンボジア	2014 年	2015 年	2016 年	2015 年	2016 年
プノンペン	100	120	140	28	9.4
ミャンマー	2014 年	2015 年	2016 年	2015 年	2016 年
ヤンゴン		83	91	-	9.2

出典：三菱 UFJ AREA Report 432（2016 年 5 月）をもとに作成。

「市場開拓型」の三つに分類できる。前の二つが主に海外での生産を目的としたのに対して,「市場開拓型」は,成長する進出先のマーケットの開拓をして,自社製品を販売することを主な目的として海外進出を行うケースである。海外事業展開の動機・目的については,「取引先からの要請」や「海外進出取引先へ自主的な追随」といった取引先追随型進出が低下する一方,「日本市場の成熟化・縮小」や「現地市場の開拓・拡大」,「第三国への輸出」といった市場開拓型進出が大幅に上昇しているという調査結果がある(財団法人商工総合研究所,「中小企業の国際事業展開に関する実態調査」,p.6)。

(株)帝国データバンクが,2014年9月に企業2万3561社を対象に実施したアンケート調査(回収率46.6%)によると,中小企業の生産拠点としては,ベトナムが11.0%と最も高く,次いで中国,タイ,インドネシア,ミャンマーと続く。販売先としては,中国が11.7%と最も高くなっており,次いで米国,タイ,ベトナム,インドネシアと続く。また,上位10カ国を見ると,生産拠点・販売先ともに,米国のほかはすべてアジアの国・地域が占めている(図表1-14)。このように,中小企業においても,東アジアの市場を視野に入れた海外展開を考え,生産拠点として重視する国,販売先として重視する国を分けて

図表1-14 中小企業が生産拠点・販売先として重視している国・地域 (n=10,085)

生産拠点として重視する国			販売拠点として重視する国		
順位	国	割合	順位	国	割合
1	ベトナム	11.0	1	中国	11.7
2	中国	6.6	2	アメリカ	4.1
3	タイ	4.7	3	タイ	3.8
4	インドネシア	2.7	4	ベトナム	3.6
5	ミャンマー	1.9	5	インドネシア	3.4
6	台湾	1.9	6	インド	3.1
7	その他のアジア	1.5	7	台湾	2.3
8	インド	1.1	8	シンガポール	2.0
9	韓国	0.6	9	その他のアジア	1.5
10	アメリカ	0.6	10	韓国	1.1

出典:TDB「海外進出に関する企業の意識調査」,『中小企業白書2015』をもとに作成。

いることが分かる。

1.3 世界で注目される東アジア地域

アジアは，戦後の高度成長を遂げた日本に始まり，1970年代には韓国，台湾，香港，シンガポールの4カ国がNIEs（Newly Industrializing Economies: 新興工業経済群）の名のもとに飛躍的成長を遂げてきた。日本企業の海外進出は，85年の円高を節目にNIEs諸国が進出先としてはじまり，その後ASEAN4（マレーシア，タイ，フィリピンおよびインドネシア）地域へと進出先が変わり，1990年代には中国を中心に海外投資が加速した。また，最近の直接投資先は中国からアジア新興国・途上国（ベトナム，カンボジア，ミャンマー）へシフトしている。このような動きの背景として，中国やタイにおける人件費上昇などに伴い，より大きなコスト魅力やビジネスチャンスを見いだし，中国，タイのほかのアジア新興国への投資分散化傾向がみられる。

東アジア地域[2]には約20億人がいて，世界の人口を70億人と推定とすると約30％であり，巨大な市場だといえる。国別人口の多い順番でみると中国，インドネシア，日本，フィリピン，ベトナム，タイ，ミャンマー，韓国，マレーシア，台湾，カンボジア，ラオス，シンガポールの順番である。東アジア地域の中でも，各国の経済発展のレベルや産業構造，外資政策，外資の参入状況などが大きく異なるため，まずASEAN主要国に日本，中国，韓国を加えて，各国の概要と基礎経済指標およびビジネス環境上の特徴など整理しておく。図表1-15ではASEAN＋中国，韓国2カ国の概要をまとめた。また東アジア主要国の経済指標は図表1-16に示している。

ASEANは人口において他の地域経済統合体を上回るものの，経済規模ではEUおよびNAFTAを大きく下回る（図表1-17）。国連の定義で貧困国とされ

---

2 東アジア地域は，日本，中国，韓国，ブルネイ，カンボジア，インドネシア，ラオス，マレーシア，ミャンマー，フィリピン，シンガポール，タイ，ベトナムとして集計。ASEANは，ブルネイ，カンボジア，インドネシア，ラオス，マレーシア，ミャンマー，フィリピン，シンガポール，タイ，ベトナムの10カ国。

図表 1-15　東アジア主要国の概要

		面積（万 km²）	首都	言語	主要宗教	政体
ASEAN						
	タイ	51.4	バンコク	タイ語	仏教（上座部）	立憲君主制
	マレーシア	33	クアラルンプール	マレー語	イスラム教	立憲君主制
	シンガポール	0.07	シンガポール	マレー語，英語，中国語	仏教，イスラム教，キリスト教	共和制
	インドネシア	190	ジャカルタ	インドネシア語	イスラム教，キリスト教	共和制
	フィリピン	30	マニラ	タガログ語	カトリック教	共和制
	ブルネイ	0.6	バンダルスリブガワン	マレー語	イスラム教，仏教，キリスト教	立憲君主制
	ベトナム	33	ハノイ	ベトナム語	仏教，カトリック教，カオダイ教	社会主義共和制
	ミャンマー	68	ネーピードー	ミャンマー語	仏教	共和制
	カンボジア	18	プノンペン	クメール語	仏教（上座部）	立憲君主制
	ラオス	24	ヴィエンチャン	ラオ語	仏教（上座部）	人民民主共和制
日本		37.8	東京	日本語	神道，仏教	立憲君主制
中国		960	北京	漢語	仏教，イスラム教，キリスト教	社会主義共和制
韓国		10	ソウル	韓国語	カトリック教，仏教，儒教	共和制

出典：外務省基礎データ，IMF データをもとに作成。

るカンボジアから先進国に分類されるシンガポールまで，経済発展レベルの異なる国の集合体である。ASEAN は長い間，日本企業にとって主要な生産拠点として位置づけられ，近年は魅力ある市場としても重要度を増している。

　東アジア地域では，ASEAN を中心に 2 国間・多国間の枠組みでの自由貿易協定（FTA，経済連携協定（EPA）などを含む）が数多く形成されている（図表 1-18）。アジア主要国に進出する日系企業にとって，FTA の有効活用による関税コストの削減は，日本企業海外進出の国際戦略上の主要課題となっている。現在，進出日系企業による FTA の利用率も年々拡大しており，関税削減

1.3 世界で注目される東アジア地域　29

図表 1-16　東アジア主要国の経済指標　(2014)

国	人口 (万人)	世界構成比 (％)	名目 GDP (億米ドル)	世界構成比 (％)	1人当たり GDP (米ドル)
タイ	6,773	0.9％	3,738	0.5％	5,519
マレーシア	2,990	0.4％	3,269	0.4％	10,933
シンガポール	574	0.1％	3,079	0.4％	56,287
インドネシア	25,445	3.5％	8,885	1.1％	3,492
フィリピン	9,914	1.4％	2,846	0.4％	2,871
ブルネイ	42	0.0％	173	0.0％	41,344
ベトナム	9,073	1.2％	1,862	0.2％	2,052
ミャンマー	5,344	0.7％	643	0.1％	1,204
カンボジア	1,533	0.2％	167	0.0％	1,090
ラオス	669	0.1％	118	0.0％	1,760
ASEAN	62,330	8.6％	24,780	3.2％	3,976
日本	12,713	1.8％	46,045	5.9％	36,194
中国	136,427	18.8％	103,601	13.3％	7,594
韓国	5,042	0.7％	14,104	1.8％	27,970
世界計	726,065	100.0％	778,688	100.0％	10,725

出典：World Bank，IMF，JETRO のデータをもとに作成。

図表 1-17　ASEAN と他の経済統合体との比較　(2014)

	加盟国	人口 (億人)	GDP (兆米ドル)	1人当たり GDP (米ドル)	貿易 (輸出＋輸入) (兆米ドル)
東南アジア諸国連合 (ASEAN)	10	6.2	2.5	3,976	2.6
欧州連合 (EU)	28	5.1	18.5	36,317	11.8
北米自由貿易協定 (NAFTA)	3＋米国，カナダ，メキシコ	4.8	20.5	42,703	5.8
南米共同市場 (MERCOSUR)	6	3.0	3.5	11,854	8.0

出典：World Bank，IMF，JETRO のデータをもとに作成。

図表1-18　アジア地域における多国間の自由貿易協定

APEC（21エコノミー）
- ロシア
- 中国香港
- チャイニーズ・タイペイ
- パプアニューギニア

RCEP（16か国）

ASEAN（10か国）
- カンボジア
- ラオス
- ミャンマー
- タイ
- インドネシア
- フィリピン
- シンガポール
- マレーシア
- ベトナム
- ブルネイ

日中韓FTA
- ◆中国
- ◆韓国
- ◆日本

TPP（12か国）
- 米国
- カナダ
- メキシコ
- ペルー
- チリ

- ◆オーストラリア
- ◆ニュージーランド

- ◆インド

※◆印の国は、日・ASEAN、中・ASEANなどいわゆるASEAN+1のEPA/FTAを締結している。
出典：平成28年版『外交青書』より転記。

をベースとした調達・輸出戦略の構築や、将来のさらなる関税削減を見据えた生産・販売ネットワークの最適化の取り組みが求められている。

　そのほか、2006年に発効したニュージーランド、シンガポール、ブルネイ、チリの4カ国間の環太平洋戦略的経済連携協定（P4協定）をもとに、2010年3月から米国、オーストラリア、ペルー、ベトナムが交渉に参加し、最終的にはこれにマレーシア、カナダ、メキシコそして日本を加えて交渉が重ねられた結果、2015年10月5日に環太平洋パートナーシップ（TPP）協定が大筋合意に達したことを発表した。TPPにより、世界のGDPの約4割、日本からの輸出額の約3割を占める経済圏において、関税撤廃や投資、サービスの自由化、知的財産の保護、電子商取引、ビジネス関係者の一時的入国など幅広い分野で新しいルールが構築され、高いレベルの自由貿易圏が形成されることになる。しかし、米国トランプ大統領は1月23日、TPPから離脱するための大統領令に署名した。米国を除いても11カ国のTPPが発効すれば、日本企業のアジアビジネス機会は大きく広がり、新興国に進出しやすくなり、中小企業新事業の海外展開が期待されている。

　アメリカのトランプ新政権のTPPからの離脱など保護主義的な通商政策と

は対照的に，中国政府は自由貿易やクロスボーダーの直接投資の拡大を積極的に呼びかけるようになった。中国内陸部の持続的な経済発展や産業高度化といった中国経済が抱える課題を解決するため，沿線諸国との経済・産業協力の拡大を通じて，「シルクロード経済ベルト」と「21世紀海上シルクロード」からなる「一帯一路」という経済圏構想が提唱された。近年，中国が経済発展において大きな成果を収め，GDPが世界第2位になったとはいえ，東部と中西部の格差など多くの課題にも直面している。これまでの中国経済の成長は，東部沿海地域の率先した対外開放の恩恵を受けたものであり，海外からの直接投資に頼っていた。しかし，現在，中国は全面開放と海外進出を同様に重要視するようになっている。東アジア地域の陸路網が整備されれば，メコン経済圏（ベトナム，カンボジア，タイ，ミャンマー，ラオス）は今後のさらなる発展が期待できる。

　また，ASEAN 10カ国（ブルネイ，カンボジア，インドネシア，ラオス，マレーシア，ミャンマー，フィリピン，シンガポール，タイ，ベトナム）を中心に，日本，中国，韓国，オーストラリア，ニュージーランド，インドの6カ国が交渉に参加する東アジア地域包括的経済連携（RCEP：Regional Comprehensive Economic Partnership）が提唱されている。RCEPが実現すれば，人口約34億人（世界全体の約半分），GDP約20兆ドル（世界全体の約3割），貿易総額10兆ドル（世界全体の約3割）を占める広域経済圏が出現する。域内の貿易と投資に関する共通ルールが構築されれば，ASEANと中国に広く分布する日本企業の経営資源をより有機的に結びつけることが可能になると考えられる。

参考文献
[1] 財団法人商工総合研究所（2010）「中小企業の国際事業展開に関する実態調査」。
[2] ジェトロ（2015）「アジアにおける日系企業のFTA活用実態と運用上の課題」。
[3] ジェトロ（2015）「2015年度アジア・オセアニア進出日系企業実態調査」。
[4] ジェトロ（2016）「2016年度アジア・オセアニア進出日系企業実態調査」。
[5] 総務省（2016）「平成26年経済センサス基礎調査」。
[6] 経済産業省（2017）「第46回海外事業活動基本調査」。
[7] 中小企業庁（2010）『中小企業白書 2010年度版』。
[8] 中小企業庁（2014）『中小企業白書 2014年度版』。
[9] 中小企業庁（2015）『中小企業白書 2015年度版』。
[10] 中小企業庁（2016）『中小企業白書 2016年度版』。

［11］中小企業庁（2017）『中小企業白書 2017 年度版』。
［12］日本政策金融公庫（2012）「中小企業の海外進出に関する調査」。
［13］三菱 UFJ 銀行（2016）「アジア・オセアニア各国の賃金比較」AREA Report 432。

（高橋文行）

第2章

多民族，貧富の差，中所得国で留まる現実，各国事情把握

　本章では東アジア諸国を下記2項目で比較分析する。
　1．東アジア地域諸国の比較（人口と国別比較，単一民族国家か多民族国家，中華系人口とビジネス，植民地政策と地理的環境，政治的体制の相違，各国の国民が信ずる宗教）
　2．貧富の差が生み出す経済活動への影響（ジニ係数による比較，中所得国の罠（中国とマレーシア），中国の懸念材料）

　東アジア地域諸国の比較では，世界人口の約30％が集積し14カ国中上位の5カ国（内2カ国は近々）が人口1億人以上であることから有望な市場であることを確認する。次に単一民族国家群（日本，韓国，カンボジア，台湾，ベトナム，ミャンマー，中国，タイ，モンゴル）と多民族国家群（マレーシア，シンガポール，インドネシア，フィリピン，ラオス）に分けられるが，単一民族国家群の国々でも少数民族の問題などあることを述べる。またほとんどの国々に華人（中華系の人々）が点在し各国のビジネスの中枢にいることも述べる。植民地化されなかった国は厳密には日本とタイの2カ国だけである。したがって欧米の植民地政策の影響を受けた国々の逆メリットを有効利用することも考慮するとよいことを述べる。政治体制では立憲君主制国家，共和制国家，社会主義国家，資本主義国家があり軍事政権下の国家もある。また現在なお過去の政治的変遷史の影響があることを述べる。国民の多数が信ずる宗教は仏教，イスラム教，キリスト教，無宗教と雑多である。

　以上述べてきたことから，日本がまれな環境（単一民族で1億人以上の人口を持ち，仏教徒が多く植民地化されず，政治的に資本主義経済を貫くビジネスができた）であり日本の中小製造企業が東アジア地域に進出することは相当なギャップがあることを理解した上で進出決断をする必要があり，相当

な覚悟が求められる。
　　貧富の差が生み出す経済活動への影響についてジニ係数による各国の比較分析を行う。また中国とマレーシアの両国が中所得国の罠にはまっていることや中国の懸念材料としてNHK（2016年1月10日）放映内容を引用し，何が真実かは経営者自身が現地で見聞した内容をもとに直感で対応するしかないこと，また海外進出は最後の最後まで用心して決断すべき事項であることを述べる。

　第1章では，経済活動や経済システムのデータをもとに東アジア諸国の動向を見てきた。ここでは歴史的経緯などを含め，各国の似ていることや違っていることなどをいろいろな切り口で見ていきたい。筆者は直近の約5年間で東アジア地域に点在する110カ所（日系企業，外資企業，現地企業，海外進出支援機関，各国大学など）を訪問した。その経験から本章を書き下ろしてみてなるほどと感じたことがいくつかあった。読者の中にはすでに多くの東アジア地域を実際によく見聞されている方々がおられると思う。その方々には釈迦に説法かもしれないが，今一度いろいろな切り口で見直してみることは，東アジア地域の国々を理解する上で大切と思う。また単に経済活動や経済システムのデータだけではわからない物事が見えて来るかもしれない。時々，海外通と言われる方から今まで認識していなかったことなど聞くことがあるが，それは意外性のある見方なのである。筆者がインタビュー調査で訪れた日系企業の責任者からの一言が妙に説得性のあることがよくある。たとえば東アジア地域における中国人（漢民族，華人，華僑）の存在と各国の経済システム，さらにはなぜ不平不満分子が出ないのかなどには，各国の事情が裏に沢山あるのである。ここでは極力データを使い説明をしていきたい。ただしかなり無理をして記述した内容（余り調査確認ができていない内容）があることをご承知おきいただきたい。要はマクロでの見方として頭の隅に入れておいてほしいのである。

2.1 東アジア地域諸国の比較

　図表2-1は東アジア地域諸国の比較一覧表である。本書ではそもそも北朝鮮を除いてあるが，本表ではさらにブルネイを除いた。その理由はデータ入手の問題と海外進出地域としての魅力度が低いと判断したからである。比較の意味で日本も記載し14カ国の比較一覧表である。

図表2—1　東アジア諸国の比較一覧表

国名	人口（億人）	単一民族国家(%)	民族構成（数字%）	長細い・広い国家（地形）	過去植民地国家	中華系人口比（万人）	立憲君主制国家・宗教	社会主義国家	アセアン諸国
日本	1.30	○(99.9)	大和人	南北	×	52 (0.4%)	○仏教		
中国	14.00	○(80.0)	漢＋55少数民族	広い	英国・日本	―	混在	○	
韓国	0.50	○(99.9)	韓	×	日本	不明	×混在		
台湾	0.23	○(86.0)	本省人	×	日本	―	×仏教		
フィリピン	0.90	×	タガログ(28)	×	スペイン米国	115 (1%)	×キリスト		○
マレーシア	0.30	×	マレー（50）中国（25）	東西南北	英国	840 (30%)	○イスラム		○
シンガポール	570万人	×	中国（77）マレー（14）	×	英国	370 (74%)	混在		○
タイ	0.77	○(75.0)	タイ(75)	×	×	710 (11%)	○仏教		○
カンボジア	0.15	○(90.0)	クメール	×	フランス	35 (3%)	○仏教	ポルポト影響	○
インドネシア	2.50	×	ジャワ(40)スンダ(15)	東西	オランダ	760 (3%)	×イスラム		○
ベトナム	0.91	○(86.0)	キン(86)	南北	フランス	130 (2%)	仏教	○	○
モンゴル	290万人	○(80.0)	ハルハ	広い	×（現在中国）	0	チベット仏教		
ラオス	670万人	×	ラオ(55)	南北	フランス	不明	仏教	○	○
ミャンマー	0.53	○(70)	ビルマ(70)	南北	英国	110 (2%)	×仏教	軍政影響	○

　注：ブルネイと北朝鮮を除く。立憲君主制国家欄の×印は共和制を示す。また混在とは多くの
　　　宗教が存在することを示す。
　出典：筆者作成。

民俗学とはある民族の伝統的な文化，信仰，風俗，慣習，思考の様式を解明する学問である。一方，地政学とは地理的な環境が国家に与える政治的，軍事的，経済的な影響を研究する学問である。ここで民族とは国家における国民の概念とは異なる一定の文化的特徴を基準として他と区別される共同体を位置づけている。したがって恣意的線引きで決定された国境による国別比較は民俗学見地ではないが，本章では便宜上国家の枠組みで以下項目を比較する。

図表 2-1 では，国家の枠組みで民俗学的見地と地政学的見地から各国の人口，民族構成とその構成比率，国の地形特徴，過去の歴史考察から植民地化の有無，中華系人口の流入割合，国家の形成に関わる立憲君主制や共和制や社会主義制の有無をまとめた。

2.1.1 東アジア地域の人口と国別比較

東アジア地域には約 20 億人がいて，それは世界の人口を 70 億人（2011）と推定すると約 30％である。巨大な市場と言えよう。国別人口の多い順番でみると中国，インドネシア，日本，ベトナム，フィリピン，タイ，ミャンマー，韓国，マレーシア，台湾，カンボジア，ラオス，シンガポール，モンゴルの順番である。他の地域（EU やアフリカや南米）との相違は 14 カ国中，1 億人以上の国が 3 カ国あり，それに次ぐベトナムやフィリピンが人口増加中でいずれは 1 億人を超えそうな状況にあることである。そう考えると上位 1/3 の 5 カ国が 1 億人以上と安定した経済市場があることである。また EU などでは先進国が人口の上位を占めるが，東アジア地域は日本を除き発展途上か中進国が多数を占めていることからも新たな市場としての魅力があることはいうまでもないことである。

2.1.2 単一民族国家であるか，それとも多民族国家であるか

日本では自国民同士で会話する時に，相手が異なる民族であるといった前提で会話することがほとんどないと思う。それは北海道のアイヌ人と沖縄県を中心とする琉球人がいるのだが，すでにほとんどが混血化しておりその意識はないのである。しかし，東アジア地域に目を向けるとだいぶ様相が異なる。

日本と同じように単一民族と思われる国々を上げると，韓国がほぼ日本と同

じ状況である。次にカンボジア，台湾，ベトナムが最も多い民族比率が 90％前後で単一民族という区分けに入れても良いかもしれない。ただしカンボジアはクメール人が大半だが過去，ポルポト政権時代（1975 年から 4 年間）に中国の文化大革命の影響を受け，原理社会主義を実践し自国の知識人 200 万人を虐殺した歴史がある。その後，政権は変わったがその残党がいまなお政治・経済に関わっていることからカンボジア国内は同じ民族間でも目に見えない亀裂が存在する。ベトナムやミャンマーでは山岳民族がいていまなお現政府との間で内戦があると聞く。筆者が 2015 年 3 月にミャンマーに訪問した際も内戦があり政府軍兵士が戦死したニュースを聞いた。その次は中国，タイ，モンゴルで約 80％である。中国は他国との国境付近（内陸部）に 55 の少数民族がいることで時々漢族と衝突したニュースが公にされるが実態はよくわからない。またタイにも山岳民族がおり，統計上には載らないのだが隣国ミャンマーからの違法難民のビルマ人が数百万人規模でいるとの説もある。以上，最も多い民族区分が 80％以上の国の実情を述べた。以下の国は明らかに多民族国家と言える。具体的にはマレーシアはマレー人（60％），中国人（30％），インド人他（10％）で，シンガポールは中国人（74％），マレー人（14％），インド人他（10％）である。マレーシアの場合には新政府の閣僚の人種比率がいつも問題になるのである。さらに多民族国家が 3 カ国ある。具体的にはインドネシアはジャワ人（40％），スンダ人（15％），その他多数ある。またフィリピンはタガログ人（28％），セブアーノ人（18％），その他多数である。さらにラオスはラオ人（55％），カム人（11％），その他多数である。インドネシアとフィリピン両国は多くの島々からなりたっていることから島別に多数の民族が点在している。図表 2-2 に東南アジア地域の民族構成を示す。

　ここで日本と韓国以外の国々に海外進出すると同じ国の中で違う民族がいることを考慮したマネジメントが必要になるのである。たとえば筆者が 2013 年マレーシアで自動車用プラスチック成型の中小製造企業を訪問した際聞いた話だが，経理は中国人，現場の工員はマレー人（女性）で最近は他社が検討しているインドネシアかバングラデシュから 3 年間住み込みの出稼ぎ労働者を雇うか考慮中と言っていた。またその際，マレー人（男性）はそもそも働かないし，男性はイスラム教のしきたりで金曜日には企業内の礼拝堂ではなく，外部

図表 2-2 東南アジア地域の民族構成

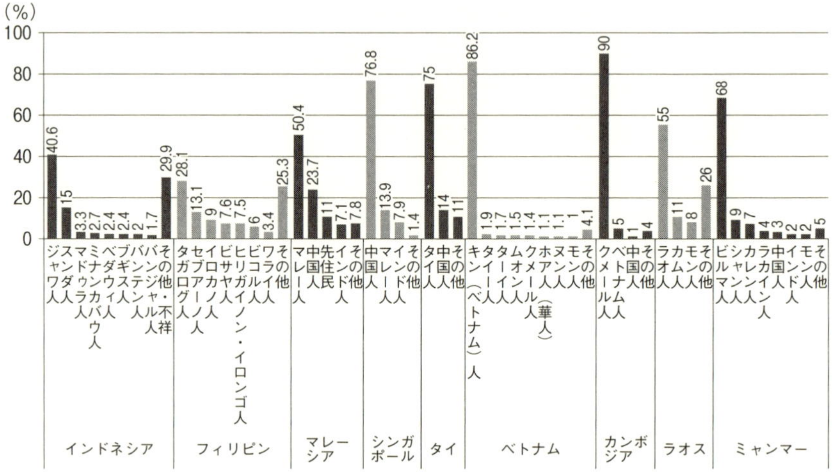

出典：CIA "The World Fact book 2008" より抜粋。

モスクに行く習慣があり週休三日で使いづらいとの話しであった。また2014年カンボジアで自動車のハーネス配線を組み立てる日系企業で聞いた話では，ポルポト政権下の政策で親子を分けて地方疎開させたことから，子供たちが幼少期に親との接触がなく育ち，親子間の日常的会話による教育を受けていない子供たちが成人し働き出して，配線の色を何度教えても暖色系と寒色系の識別はできるが黄色と赤色は同じ色と認識してしまう。また，別の工場では，備え付けのドライヤや自分の作業着などを故郷に帰る時持ち帰ってしまうなど幼児期の親のしつけを受けられなかったことが要因ではないかとの分析結果を聞いた。そのため新工場建設後に採用した社員には地元の大学教授に依頼し，一般常識講座を開講しているという。その他本書には書けないいろいろな問題があるが，まず海外進出準備をするならば，すでに進出している企業によくよく聞いてみることをお薦めする。

2.1.3 中華系人口とビジネス

東アジア地域には中国と台湾以外の国々にも多数の中国人がいる。華僑とか華人と言うが，その影響力は絶大である。したがってこの中華系の人々（以下

中国人と記す）の存在を無視したビジネスはあり得ないのである。

　筆者は中国本土の地場中小製造企業経営者へのインタビュー調査（2011年～2015年実施）で多くの中国人経営者と話す機会があったが，「日系企業との取引は単価が安いが納品すれば，すぐ現金を支払ってくれるので，資金繰り上はメリットがある。ただし，赤字になってまでは継続的取引はしない」と言明する。また，自身の家族はすでに国外の永住権を持っている方がほとんどであった。要は金儲けに貪欲で自身が儲けた資産をきっちり管理している様を見聞できた。また筆者が「起業した目的は」と聞くと「自分や家族のため」と明確に答える経営者が大半である。日本の中小製造企業の経営者との際立った相違である。

　この考え方は他国にいる中国人も同じであることが想定される。日本にいる中国人は52万人で全人口の0.4％に過ぎないが，シンガポール（74％），マレーシア（30％），タイ（11％），さらにカンボジア，インドネシア，ベトナム，ミャンマー，フィリピンに各1～3％が点在する。カンボジア他の国々は中国人の人口比率は少ないように思われるかもしれない。しかし実際は資本力と中国人同士のネットワークで各国の経済活動の中枢部を抑えていることが多く，日本からこれら国々に進出する場合には無視できない存在であることを十分認識すべきである。

　もう一点関連して注意しておきたいことがある。それは一部中国系企業の金儲けだけを目的としたあくどい商売を真似る日本企業が現われるとたちまち進出国の国民から断罪される可能性があるということである。国名は避けるが，筆者が直近2年以内で訪問した某工業団地では訪問数カ月前に工業団地が地元住民の暴動に合い，警察や軍隊が出動する騒ぎがあったとの経験談を日系企業経営者から聞いた。これなどは中国企業問題が日本企業もいる工業団地で同一視され海外進出企業に抑圧されているとの認識で不平不満が募った結果である。海外進出企業の悪業（従業員の過酷な労働，ぼろ儲け，自社だけのエゴ行為など）はどの国であっても許されないことなのである。その点で日本企業も日本国内だけでなく，海外においてもコンプライアンスの徹底的管理が必要である。また進出地域選定時十分な検討が必要である。

2.1.4　植民地政策と地理的環境
（1）植民地政策がもたらしたものとは

　ここでは歴史的事実として，欧米の植民地政策，地理的見地の2要素で言及したい。まず東アジア地域では植民地化されなかった国は少ないことである。それは日本とタイとモンゴル[1]の3カ国だけである。他の国々は図表2-1に示す通り，英国，米国，フランス，スペイン，オランダ，そして第一次～第二次世界大戦中に日本もまた植民地政策の当事者になっていたのである。他国が軍事力を行使し政治・経済的抑圧をすることはその抑圧された国民にとってはいろいろな意味で多くの影響を受け，それは先祖代々末代に至るまで，その抑圧当時の思いが語りつがれるものである。そう考えるとこの地域は全世界の中でもまれにみる欧州を中心した国々の植民地政策の影響を引きずった国々と言えよう。筆者がミャンマーを訪問した際，独立記念塔のある公園近くの植民地時代の建物は荒れ放題のまま放置されていた。これなどは明らかに当時の怨念を今なお継承している風に思えた。

　植民地化された各国には，いまなおその影響が随所に存在する。たとえばイギリスの植民地であった国々では英語が話せるし，外資企業（英語圏）が参入して来ることが多い。たとえばミャンマーでは大学進学者はすべて英語が話せるのである。したがって講義がすべて英語で行われている。高等学校での授業もすでに英語で行われていると聞いた。またマレーシアやシンガポールは外資の欧米企業の進出比率が高いが，イギリスの植民地であった地域とほぼ一致している。したがって，今後ミャンマーは欧米企業が参入してくる可能性は高いかもしれない。その国で通用する外国語がどこの国の言語であるかを見極めることは，海外進出に際して重要である。その点で日本語はメジャーな言語でないため，その点を十分認識した上での進出が望まれる。

　東アジア地域で特に東南アジア地域の国境は明らかに恣意的境界線が引かれていることが多い。理由はいうまでもなく欧米の植民地政策の影響である。各国の独立運動の中，やむなく手放した植民地であったからその国の民族がどのように分布して，歴史的変遷など考えずに線引きしたためである。その影響は

1　筆者がモンゴルを訪問した際，中国の内モンゴル自治区はいまなお，中国に領土を奪われたとはっきり言われる方が多かった。その点ではモンゴルは外すべきかもしれない。

いまなお，少数民族や山岳民族問題として各国の内政問題として残っているのである。

(2) 東アジア地域は陸路網が決め手

　ここで東アジア地域の世界経済を視野に入れた資源と労働と物流の三要素の考察をしたい。結論からいうと東アジア地域は世界でもまれに見るバランスのよく取れた地域である。具体的には，資源国（中国，モンゴル，インドネシア，ミャンマー，ブルネイ）があり，金融拠点都市が点在（日本（東京），中国（香港，上海），シンガポール）し，さらに太平洋岸に面しての海路拠点都市や中国と東南アジア地域の陸路も整備中であり，国家間の往来が今まで以上に拡大すれば大いに繁栄できる環境下にある。

　高橋（2013）では，国家間をまたぐ陸路網の整備が肝心であるとされ，いくつかの陸路（＝回廊）が重要であると記されている。筆者は序章4節で紹介した金沢秀憲社長（ゴールデンバーグ社）とのインタビュー調査の冒頭に「なぜ中国ビジネスから今度はミャンマーへ新展開するのですか？」と聞いたのである。その理由は中国香港から海路で考えたら途方もなく遠い国との印象があったからである。金沢社長は当たり前といった表情で「昆明の陸路ですぐ行けるからです」と返答された。筆者には陸路など想像もしなかったのである。なぜならば中国とミャンマー国境は山間部でしかも山岳民族との内戦真っただ中の地域であることを考えると海路しかないとの認識で凝り固まっていたからである。先を見通せること（＝先見性）のできる経営者は違うなーとその時，筆者は25歳近く離れた年齢の若い金沢社長に感心した。

　高橋（2013）によれば，南部横断ルートではホーチミン（ベトナム）→プノンペン（カンボジア）→バンコク（タイ）→ダウェー（ミャンマー），東西中央横断ルートではダナン（ベトナム）→サバナケット（ラオス）→ムクダハン（タイ）→モーラミャイン（ミャンマー），南北中央縦断ルートでは昆明（中国）→チェンライ（タイ）→バンコク（タイ），南北海岸縦断ルートでは香港→広州（中国）→南寧（中国）→ハノイ（ベトナム）→ダナン（ベトナム）→ホーチミン（ベトナム）の4陸路が存在し，今後のさらなる整備が必要だが，そのインフラが整備された暁には東南アジアの大メコン経済圏（タイ，ミャン

マー，カンボジア，ラオスそしてベトナム）は今後のさらなる発展が期待でき，とりわけ陸路網の開発・拡充がなされることで発展が期待されるのである。

本括りでは隣国の方が距離も近いしさらに同じ民族も往来しているといった本地域の特徴から国別での経済発展を行うよりも地域全体での市場発展を志向することが得策である。

(3) 辺境地への進出をせざるを得ない現実

約15年前までは主要都市（首都や名の知れた都市）の近傍の開発区（中国）か工業団地（中国以外）が多かった。しかし今日，東アジア地域の国々に進出する場合には，主要都市の人件費は高騰しており，海外進出はそれ以外の地方都市か交通の便が悪い地域になることが増えた。その分，命の危険にさらされることが多くなったと考えられる。このことは，十分に認識する必要がある。とりわけ中小製造企業は大手製造企業が進出している工業団地周辺への進出は人的資源を奪われる可能性もあり進められない[2]。またそのような工業団地は賃料も高く採算上からも進出が難しい。

地理的環境での話に戻す。タイは日本人にとってなじみの国の一つである。ただし同じタイでもマレー半島につき出した地域はもはやタイではないのである。イスラム教徒が多くタイ政府ともにらみ合いをしている地域なのである。そこにある天然ゴムの採取と加工をしている日系企業の工場責任者から聞いた話だと，今なお毎日の工場までの行き帰りは時間をばらばらにし，自衛のため銃を持った護衛車両に誘導されての通勤という。自宅も当然24時間防犯のため，警備している。平和そうに見える地域でも，ピンポイントで，危険で命の

---

[2] 筆者が過去5回訪問した大連市では開発区に進出した日系中小製造企業は大半が大企業の人件費や福利厚生強化の競争で敗れ，社員の求人に苦労し続けている。一方周辺の金洲地区や旅順地区に進出した中小製造企業はその地域の農漁村の住民との信頼関係が構築でき，離職者も少なく企業発展に貢献している。しかしその交通の便やインフラは必ずしもベストとは言えない。その不自由さを乗り越えなければ中小製造企業の海外進出は成功しないのかも知れない。

保証ができない地域が点在している[3]ことに気をつけるべきである。

2.1.5 政治的体制の相違

　東アジア地域は世界の他の地域にはないほどの多様性を持った政治体制の国家が存在する。世界では大幅に減少しつつある社会主義国家として中国，ベトナム，ラオス，北朝鮮がある。また世界唯一，無血で社会主義国家から民主主義国家に変わったモンゴルがある。立憲君主制国家として，日本，マレーシア，タイ，カンボジア，ブルネイがある。軍政を敷いている国々も存在する。筆者が訪問したミャンマーのミャンゴン工科大学は今から5年前にやっと大学の閉鎖が解かれ再開された。したがってそこの大学教員はすべて他国で学んで母国に帰国して教えている方々である。また地場企業経営者ともお会いし話したが，政治的迫害を受け，日本に亡命し日本の某国立大学を卒業後やっと帰国でき，事業をしているという。アウンサンスーチー政権発足前であったことから，当時の軍事政権への不満分子との扱いでおおっぴらにビジネス展開ができないとの話も聞かせてもらった。要するに政治は経済活動とは切り離せない関係にあり海外進出時にはよくよく熟考した上での決断が必要である。

2.1.6 各国の国民が信ずる宗教

　ビジネスの世界では宗教を語ることは好ましくないと言われる。しかし米国ではプロテスタントとカトリック（そしてギリシャ正教等）に分けられるが，業界団体や学術団体（学会）の代表者はプロテスタントとカトリックが交互に就任するといった取り決めが暗黙の了解のもとに行われている。そのくらいに宗教は個人や社会にとって大きな影響力を持っている。

　東アジア地域は各国の国民の多数が信じている宗教を区分してみると図表2-1に示す通り，仏教徒が多い国は日本，台湾，タイ，カンボジア，ベトナム，

3　本地域に隣接している地区のタイ高等学校と日本の九州にある工業高校が姉妹校契約し相互で交換留学制度をはじめたとのニュースを聞いた。そのニュースは朗報だが，その近傍で上記した事実があることは報じられていない。ここが問題である。海外企業の進出を希望する国（東アジアの国々）とそれを推進する日本政府は当然隠したい話である。したがって海外進出時はその用地選定では用心深い対応が求められる。

ラオス，ミャンマー，モンゴル[4]の8カ国である。イスラム教徒が多い国はマレーシア，インドネシアの2カ国である。キリスト教徒が比較的多い国は韓国，フィリピンである。残る中国とシンガポールである。中国は第二次世界大戦終了以降，共産主義政権下で宗教組織の弾圧政策がなされたようでその結果無宗教者が多いと聞く。近年，イスラム教徒の多い国々が絡む暴動やテロが頻発しており，経済活動にも何らしかの影響があることは自明の通りである。

以上述べてきたことから，日本がまれな環境（単一民族で1億人以上の人口を持ち，植民地化されず，政治的に資本主義経済を貫くビジネスできる）であり日本の中小製造企業が東アジア地域に進出することは相当なギャップがあることを理解した上で進出決断をする必要があり，相当な覚悟が求められる。

2.2 貧富の差が生み出す経済活動への影響

最近日本では子供の6人に1人が貧困家庭で，食事も教育もまともに受けられていないことが話題になっている。東アジア諸国はどうなっているのだろうか？ 図表2-3に1人当たりの名目GDPの5カ年推移とジニ係数を示す。

2.2.1 ジニ係数による比較

ジニ係数とは社会における所得分配の不平等さを示す指標で，0に近いほど格差が少ない状態である。格差が生じると社会への不満が蓄積され，ジニ係数が40％以上になると社会騒乱の警戒ライン，60％以上は危険ラインとされている。その算出法は横軸に所得別区分の世帯累積比を取り，縦軸にその各所得額別の所得累積比をプロットし，その両端を直線で結びできる三角形の面積を分母にして，累積曲線で囲まれた面積を分子としてその比で表示される。G7の国々では米国（45.0％），日本（37.9％），イギリス（32.3％），カナダ（32.1％），イタリア（31.9％），フランス（30.6％），ドイツ（27.0％）である。世界中で

---

[4] モンゴルはチベット仏教である。

最も貧富の差がない国々は社会福祉国で有名な北欧3国(スウェーデン,ノルウェー,デンマーク)で25.0%以下である。

図表2-3で,東アジア地域15カ国のジニ係数をみると金融資本主義経済下のシンガポールが46.3%と高い水準である。金(キャッシュ)が商品として売り買いされることによる元金の増大化が進み,キャッシュを持っている人々が膨大な富を蓄積できるようになってきた。一方キャッシュを持たない人々は日銭を稼ぎながら日々暮らすしかない。こうして貧富の差が拡大することになるのである。

中所得国のマレーシアや中国,そして低所得国のフィリピンのジニ係数が40%を超えていることが気になる。暴動が起きかねない状況にあるからである。以前,筆者はジニ係数をあまり信じていなかった。しかし過去5年間,訪問した国々で,日本のジニ係数37.9%以上の数字の国々を訪れるとその身の危険を直感的に感ずることが良くある。そこにいる多くの民が抱く貧富の差への

図表2-3　1人当たりの名目GDPの5カ年推移とジニ係数

	国名	2010年	2014年	所得比較	ジニ係数
1	シンガポール	53,122	56,287	高所得国	46.3%
2	ブルネイ	47,097	41,460	高所得国	—
3	日本	46,202	36,222	高所得国	37.9%
4	韓国	24,156	27,970	高所得国	31.1%
5	台湾	20,912	22,600	高所得国	34.2%
6	マレーシア	10,253	11,049	中所得国	46.2%
7	中国	5,561	7,572	中所得国	47.3%
8	タイ	5,479	5,896	中所得国	39.4%
9	モンゴル	3,736	4,115	中所得国	36.5%
10	インドネシア	3,689	3,524	中所得国	36.8%
11	フィリピン	2,379	2,862	低所得国	44.8%
12	ベトナム	1,532	2,051	低所得国	37.6%
13	ラオス	1,236	1,693	低所得国	36.7%
14	ミャンマー	1,118	1,228	低所得国	—
15	カンボジア	878	1,081	低所得国	37.9%

出典:IMF推定値とCIA "World Fact Book" から筆者転記。

どうしようもない格差感は，貧しい民の心の中で相当鬱積していることが想定される。筆者は以前中国人の裕福な方々と懇談した際，「一般労働者の労働条件が厳しすぎないか？」と聞いたことがある。すると大抵の裕福な中国人は「差別ではなく，区別しているだけだ」と平然と言い切るのである。日本人の感覚とはだいぶ違うのである。その後，自分が所属している大学院や大学の学生（社会経験がないが裕福な留学生である中国人）に同様な質問をした。すると同様な発言をする。そもそも人間を人的資源として他の物的資源と同様に感情を伴わない物体としてしか見ていないような感覚に陥ったのであるが，これは筆者だけの感覚だろうか。物的資源と同等に見ているとすると海外進出時は海外流の見方・考え方に変身（ここでは「区別」しているだけ）の感覚で経営を行うことが求められるのかもしれない。

2.2.2　中所得国の罠（中国とマレーシア）

今日，中所得国が高所得国へ飛躍するのが難しくなっていると言われる。i-Finance（2016）によれば，一般に中所得国とは1人当たりの国内総生産（GDP）が3千ドルから1万ドル程度の国を指し，実際に1万ドルに達した後にそれ以上にはなかなか上がれなくなる。その現象を「中所得国の罠」という。ちなみに，東アジア地域においては，韓国や台湾が1990年代後半にかけて，この罠に陥り伸び悩んだが，その後，電機業界やIT業界を核に産業を高度化し高所得国入りを果たした。中国は2010年半ば以降停滞している。またマレーシアも近年停滞が始まった。両国は中所得国を抜け出せないでいる。

新興国が低賃金の労働力等を原動力として経済成長し，中所得国の仲間入りを果たした後，自国の人件費の上昇や後発新興国の追い上げ，先進国の先端イノベーション（技術力等）の格差などに遭って競争力を失い，経済成長が停滞してしまう。また，過去の歴史を振り返ると，低所得国から中所得国になることができた国は多いが，中所得国から高所得国の水準を達成できた国は少ないのである。

中所得国において，この罠を回避するには，規模の経済を実現すると共に産業の高度化が欠かせないが，そのために必要な技術の獲得，人材の育成，社会の変革（金融システムの整備や腐敗・汚職の根絶等）が進まないのが大きな課

題となっている。

　また，今日問題になってきたこととして金融資本主義が台頭し出した結果，中進国のジニ係数が40％水準以上となり，国内の貧富の差が拡大し，自国の労働者が自国産業の発展のために頑張る意欲を喪失してしまっているという見方もある。その点から図表2-3を見ると中所得国のマレーシアや中国，さらに低所得国のフィリピンがすでにジニ係数が40％をはるかに超えてしまっていることは気になることである。近年中国では市民による中国政府や地方政府へのデモや暴動が報道されることがあるが，このジニ係数が高い，すなわち貧富の差が拡大していることへの国民の怒りが反映しているものと推測される。また他国も中所得国・低所得国でありながら40％に近い水準であり，同様な懸念が存在する。

　したがってこれらの国々への進出はこの事実を十分認識しておくことが重要である。

2.2.3　中国の懸念材料

　中国は現在人口14億人，経済成長率は年率7％であり，四半世紀前より海外進出先として最も多くの日本企業が投資先としてきたところである。日本からの進出実績企業数は2万3000社と言われる。しかし現在の中国はどのような状況なのだろうか？

　NHKの総合テレビで2016年1月10日に放映された内容では，「習近平政権は，2012年以降，毎年経済成長率が7％前後で推移してきた。ただしその数字が本当かとの疑念がいろいろな統計データから憶測されている。たとえば中国本土の物流統計ではここ数年前から，前年実績値を下回るデータが報告されてきた。確かにインターネット普及で物資量が減る可能性はあるが，インターネットが普及してもモノを生産する資材運搬や完成した製品を運ぶ物流が減ることは考えられない。また，負債も1900兆円あるとされ，国営事業への負債が問題だとの指摘がある。その借金が焦げ付いた想定の検討が見えていない。雇用も失業率4％との報道がなされているが実際は申請者の登録者のみの数字で実態ではない。一説では失業率は20％とのうわさもある。貧富の差の超拡大化が懸念されている。すでにバブル崩壊が来ているとの説もあり，もし顕在

化すれば，2008年のサブプライム問題の再来以上という説まである。現在，中国政府は『未富先老』（このままいくと高所得国になれずに老人国へ）の危機感から，習主席が『サプライサイド構造改革』（2015.11.10）を宣言し，供給体系の質と効率化，持続的成長力を増強，生産力推進を実行するとしている」ということである。

　もし，中小製造企業が海外進出を意識して中国進出の検討をし始めた時にこのような情報を聞いたらどう対処するだろうか？　マスコミや外部からの一般化された情報は，ある意味限定された情報の切り出しでしかなく，時には誤った情報の場合もあり得る。ではどのようにして確かめれば良いのだろうか？　東アジアだけでも14カ国あることを考えると1企業の経営者自らが調査分析する域を超えている。では日本や中国の政府機関や貿易振興機構（JETRO）からの情報で十分だろうか？　結論からいうとノーである。できれば自身の目で見に行き，また信頼のおけるすでにその国へ進出した経営者から実際のビジネス状況を聞くと言った手段を取ることも大切である。筆者は過去5年間で東アジア地域110カ所のインタビュー調査や意見交換を行う機会を持ったが，同じ国でほぼ同じ業界の方に同一の質問をしても違う答えが返ってくることが多々あった。要はそれぞれの経営者の感じ方が違うことから最後は自身の現地で見聞した内容に対し自分の直感で対応することしかないのである。いくら直近のデータを入手しても，そのデータがねつ造されていたら全く意味がないのである。そのデータの信憑性を判断できる材料探しをすることが大切である。そのためには相当な回数海外に出向き調査分析する必要があるだろう。進出先政府からのデータ，日本政府機関からのデータ，さらに現地訪問しての生データ，そして自身が持つ人脈からの情報などを集積しよくよく熟考してから海外進出を決断すべきであろう。ゆめゆめ，取引先の薦めや地方自治体の海外工場団地への勧誘パンフレットや日本政府機関（たとえばJETROなど）の誘いに載らないことを進言したい。海外進出は最後の最後まで用心して，決断すべき事項である。海外進出に失敗すれば，企業そのものが消滅（倒産）するのである。

参考文献

［1］i-Finance金融経済用語集（http://www.ifinance.ne.jp/glossary/global/glo200.html）検索日

2016.8.13
［2］NHK（2016年1月10日）放映　「これでわかった世界の今　―中国の懸念材料―」
［3］櫻井敬三（2010年～2016年）「東アジア地域インタビュー調査結果研究ノート」
［4］高橋則孝（2013）「タイ・GMS（大メコン経済圏）と2015年ASEAN経済共同体への展望」アジア・国際経営戦略学会　AIBSジャーナルNo.7

（櫻井敬三）

第3章

海外進出する中小製造企業

　本章では中小製造企業にとって海外進出するならどのような点を考慮すれば良いかを筆者の過去5年間で訪問した東アジア地域ですでに進出し成功した企業事例をもとに考察する。ここでは3節に分けてまとめた。
　1．海外進出する中小製造企業に求められること
　2．グローバル化が進んだ段階での海外進出の課題とその方策
　3．失敗しない海外進出を実現する経営戦略（事例を中心に）
　1節では(1)日本品質を前面に，(2)特徴ある技術力，(3)下請からの脱皮，(4)資金力や現地情報の確保，(5)命がけのチャレンジャーの五つの観点で事例を交えながら説明する。
　まず「3.1.1　日本品質」が海外企業にとって最も関心が高い。そこで日本品質を自社のPRにすることはごく自然なセールスポイントになる。次に「3.1.2　特徴ある技術」とは新製法や新工法で，製造費の大幅な削減，品質不良を飛躍的に激減，大幅な製作期間の短縮といった内容である。筆者のアンケート調査で技術力があることすなわち「3.1.3　下請からの脱皮」が取引先との交渉力が増す点で有効である。そこで下請型ビジネスから自主独立型ビジネスへの脱皮を図るために海外進出して海外企業との新たな取引を始める方法がよい。「3.1.4　資金力の確保」には国内の貸付支援制度や進出する国の優遇税制などを十分検討する。「現地情報の確保」には実際の進出予定地周辺の生情報を入手し，準備段階から仕入れ予定先の品質水準などを十分確認しておくことが大切である。「3.1.5　命がけ」とはカンボジアやミャンマーなど低所得国では衛生・治安状況が悪いこと，戦争の後遺症（地雷や不発弾）があること，インフラ整備（電気・上下水道など）が遅れていることなど進出には多くのリスクが伴う。以上の五つの切り口が海外進出時特に気にしてもらいたいことである。

2節では東アジア地域の開発途上国（低所得国）へ進出をする場合を想定しての準備行動について言及する。すなわち日本の中小製造企業の置かれた環境下では気づかない点を中心にまとめた。また海外進出は結局，人間同士の信頼関係であることを事例で紹介する。具体的には，(1) まず海外企業との取引開始（資材調達，製品・部品販売），(2) 撤退を意識した経営，(3) 進出先で骨を埋める覚悟で進出（市場は進出先とその周辺に限定），(4) 資金余裕が必要だが最後は進出先の人々との信頼関係が決め手の4項目である。

3節ではタイプの異なる5事例を紹介する。各事例では概要，補足説明，成功要因分析（または軌道修正の要因分析）の各項目で整理して説明する。

事例1：日本品質が生きた下請からの脱皮戦略—日本で下請から中国で自主独立へ—

事例2：進出国の市場だけを意識した戦略（テラモーターズ社の場合）

事例3：日本の工場をたたみ海外工場を展開－日本へのバイバック中心だが儲かる経営－

事例4：自動車・家電の集積地域の後工程に特化戦略　－マレーシアの日系塗装工場－

事例5：「100％現地調達（部品も工作機械も）・生産方式は手動で」の実利戦略

　　小括　海外進出の決め手は進出国とのコミュニケーションが大切である。

　序章では，海外進出にはよくよく慎重に対処することを何度も記載した。本章では海外進出するならばどうしたら良いかを中小製造企業に求められていることをまず整理し，その後で進出する場合の課題と方策を示し，最後に筆者が過去5年間で訪問した中小製造企業を見習うと成功確率が上がると思われる海外進出中小製造企業事例と成功しつつある海外進出中小製造企業事例を紹介する。

　なおここで，海外進出する中小製造企業の成功とは「日本の本社工場に迷惑をかけず，自主独立で経営が成り立つ」ことである。具体的には，日本の本社

工場の取引先企業とは別の企業（競争企業や異業種企業）との取引が開始され，自己完結で決算が黒字企業である。

3.1 海外進出する中小製造企業に求められること

3.1.1 日本品質を前面に

　筆者が海外の地場企業の経営者インタビュー調査をすると必ず「日本品質」について逆質問される。筆者からは，「① 量産品でも抜き取り検査ではなく全数検査をすること，② 部品や材料は仕入先での全数検査とその検査方法の指示とその合格証の提示を義務づけること，③ 受け入れたら自社内でさらに抜き取り検査し，もし不良品があれば全数返品し再度全数チェックさせ良品のみ再納品させること，④ 自社内工程はすべて作業者に作業完了後自主点検を義務づけさせ，製品に自主検査終了マークをつけさせること，⑤ さらに品質管理要員を 4～5 の作業工程ごとにおき，問題ないかの監視を行うこと，⑥ 最後に最終工程での最終品質チェックをする専門作業者を置くこと」と申し上げる。すると海外の地場企業経営者からは「それだけの時間と労力をかけなければならないのでしょうか？」と必ず質問される。そこで「日本では全工程作業時間の約 30％が品質管理のために時間を費やされている」と話す。

　筆者が以前中国で地場企業と日系企業の電機製品の組立作業工程を調査した結果から日系企業は組立工程の総時間の約 30％が品質管理に使われている，一方地場企業は約 15％しかかけていないことを確認した（Sakurai et al., 2014）。文献でチェックすると欧米企業でもほぼ中国地場企業と同じ時間であった。要するに日系企業は品質管理のために多くの時間を割いているのである。しかし品質管理以外の作業時間を合理化しているために総時間では日本企業が約 25％少ない時間で作業を終了しているのである。

　地場企業は，品質検査作業の手順やノウハウをもっと詳しく知りたいことから，日系企業で品質管理業務をしていた中国人社員の引き抜きをよく行う。その目的がこのノウハウ吸収のためなのである。

　要するに「日本品質」が海外企業にとっては魅力的なのである。したがって

そこを際立たせることが大切である。本節第3項の事例1にあるように、日本国内の有力親企業の競争企業から注文がきたのも「日本品質」を作り出せる企業との認識があったからだと思う。ともすると海外進出に際して品質を下げて、安い商品を作ろうとすることがあるが、絶対に品質を落としてはいけないのである。逆に日本よりもより高い品質を作り出すことが求められる。

たとえば第3項の事例3では、前述の④自社内工程はすべて作業者に作業完了後自主点検を義務づけさせ、製品に自主検査終了マークをつけさせることを円滑に実施する。そのため自分の作業ミスを届け出た社員に報奨金を与えるといったことまでしているのである。後工程に迷惑をかけなかったということで自分の間違いを、勇気をもって言ったことを褒め称えるのである。日本では考えられないが、日本以外の国々の工具では自ら間違いをいうことはあり得ないことなのである。また⑤さらに品質管理要員を4～5の作業工程ごとにおき、問題ないかの監視を行うのだが、その作業者を2カ月ごとに替えてその役回りを担う工具はエリートであるとの認識を全工具に徹底している。また、朝の朝礼で前日の不良発生状況を発表させ、その対策案をその場で言った場合には、かならずその場で文章化し本人のサインを求めるという。こうすることで品質維持や品質向上を促進しているのである。ここまで徹底的に指導・管理することは日本でも余りないが、ここまでしないと「日本品質」を作り込めないのである。

実は筆者は4年前の論文Sakurai（2013）で、「日本品質」が日本企業の海外における競争力を損なっていると記述したことがあるが、これは大手製造企業の話である。一方中小製造企業ではその大手製造企業の部品製作で培った「日本品質」を新たな取引先との販売戦略に最大限使うことをお奨めしたい。大抵の中小製造企業が営業活動に不慣れだが、海外企業にとって最も関心が高い「日本品質を自社のPRにする」ことはごく自然なセールスポイントになるのである。

3.1.2　特徴ある技術力

これはよく「競合他社との差別化をせよ」という言葉で表現されるものであるが中小製造企業にとっては余りピンと来ない表現である。大手製造企業なら

ばその差別化対象が最終製品や部品などではっきりした形があり，競合他社が明確になっているためである。しかし，多くの中小製造企業の場合には大手製造企業から依頼された部品の一部製作が多く，その製作過程の製法やそれを作るための段取りを最小時間で行うことや治工具などの工法に関わる工夫に関することが多く，他社との差別化の意味が明確にわからないからである。たとえば，新製法や新工法などはその製造材料費を大幅に削減したり，品質不良を飛躍的に激減したり，あるいは不良品の廃棄をゼロにしたり，大幅な製作期間の短縮をしたりといった内容である。これらはいずれも製作費用の削減になることから特徴ある技術力であり，同業他社をしのぐセールスポイントとなり，他社との差別化が実現できるのである。しかしこれらの技術のそうした事実に気づかずにいることが多い。もったいない話ではあるが，その卓越された技術内容を他社に話してしてしまっていることも多い。これがいけないのである。

たとえば浅川熱処置では「高周波アルミ熱処理技術」により，今まで1時間半かかっていた作業を数秒でできるようにした。オリエントエンジニアリングでは今までは金型に離型剤を噴霧していたのを，金型に熱に強い被膜を塗布する技術で毎回噴霧を不要にした。その結果，約30％の時間短縮と費用削減を実現した（「日経新聞」2010年4月28日）。これらは製法の工夫で飛躍的時間短縮と費用削減を実現できた好例である。品質向上では日々の小集団活動によって，動力を使わないように工夫された「からくり機構」，作業者のミスをなくす「ポカ除け装置」などいろいろな工夫がなされている。これらは結果的に不良に対応するための無駄な費用負担の削減につながっているのである。

ではどうすればこれらを自社内技術力として維持・整備できるのだろうか？そのためには日本で行われてきた現場の小集団活動のマネジメントの精緻化を行う必要がある。現場任せではなく，生産技術，品質管理，原価積算の担当者（社長が直接でも可）が，現場の工夫を再評価して技術，品質，原価の3要素から見て，どのように企業内貢献し，他社の同種の技術と比較し大いに差別化しているかを評価するシステムを作るべきである。その最終評価基準は言うまでもなく原価削減額でまとめることである。こうすることで自社の技術力を評価できる。さらに特許出願で技術保護するか，一切公開せずにブラックボックス化するかを明確化しその具体化をはかる。前者は他社がまねできないように

特許出願工夫が必要になるので専門家（弁理士や技術士）の応援を得るとよい。

3.1.3 下請からの脱皮

櫻井（2014）によると，技術力がある企業を対象としたアンケート調査[1]で自社は「下請中小製造企業か」，それとも「自主独立中小製造企業か」と質問したところ，下請が49％，自主独立が51％であった。さらに前者の下請中小製造企業に「価格交渉が従属的か」それとも「価格交渉力があり取引を受けるか，受けないかを自力で決められるか」を質問したところ前者が17％（全体の35％），後者が32％（全体の65％）であった。

すなわち，通常調査では「下請中小企業」とする回答が65％であるのに対して本調査では技術力がある中小製造企業を対象としたアンケート調査であったことから，16ポイントも少ない49％（割合は25％少）であった。また価格交渉力のあるとする企業は「自主独立」の51％に「下請」の32％を合わせて全体の83％であることが判明した。技術力があることは取引先との交渉力が増す点で有効かつ下請からの脱皮の決め手である。

ただし日本の国内では商習慣上，すでに取引関係のある企業，とりわけ自動車，電機，精密の各業界の大手製造企業との取引がある場合には取引を止める選択をした場合には相当なダメージ（その後相当期間仕事がなくなる。これを「干される」[2]という）がある。したがって慎重にことを進めないと倒産の憂き目に合うことすらある。

そこで下請型ビジネスから自主独立型ビジネスへの脱皮を図るために海外進出して，海外企業との新たな取引を始める方法がある。国内では下請型ビジネス，海外では自主独立型ビジネスを行うのである。3項事例1はその成功事例である。ただし，いうまでもなく日本品質や特徴ある技術があることが大前提である。

---

1 本調査では経産省の「戦略的基盤技術高度化支援事業研究開発成果事例集掲載企業」と都府県の「新技術公開企業」の1352社宛に行ったアンケート結果である。
2 取引を拒否された大手製造企業が自社協力会（下請企業群）や同業他社に情報を流し，取引しないように促すという説がある。真相は不明だがその現象ははっきりある。ただし海外までの影響を行使することはまずない。

3.1.4 資金力や現地情報の確保

資金力と現地情報の確保が大切である．資金には設備資金と運転資金がある．一般的には人件費や仕入れ費用などの運転資金は最低でも3カ月は必要とされる．しかし海外進出の場合には最低数年分は持つべきである．国内でも海外でも自己資金で賄えることが重要である．とりわけ海外の場合には不測の事態が起こり得るのでその点で外部資金を当てにすることは好ましいことではない．

中小企業を対象としての融資は日本政策金融公庫から受けられる．ただし，日本国内に事業活動拠点（本社）が存続することが条件である．中小企業が海外にビジネスの場を広げ，新たな市場を求めて輸出に注力する場合，安価で良質な労働力を求めて海外企業に生産を委託する場合，そして支社・工場・現地法人などを設けて直接に海外展開に乗り出す場合，そのほか経営体質強化のためにすでに展開した海外拠点の再編を図る場合にあと押しする貸付支援制度である．

また，進出する国の優遇税制なども十分検討すべきである．すでに中国ではIT企業の一部を除き，地場企業と外資企業との差異はなくなっている．なお中国では長期にわたり，社員を雇用し，税金をきっちり払っている企業には三ツ星褒章制度があり，特典がいろいろある．したがって，日本国内以上にコンプライアンスをきっちり規定し実施することが大切である．

これら起業時の現地での情報収集は国内以上に重要である．そのために各地域に点在するJETRO（日本貿易振興機構）と接点を持つことは大切だが，実際に入居予定の工業団地の同業日系企業経営者から生情報を入手し，日本にいる時点から仕入れ予定先から資材等を入手し，その品質水準などを十分確認しておくことが大切である．そのような準備を行うことが実際の工場立ち上げまでと立ち上げ直後の活動をスムーズにさせ，想定外による経営ロスが少ない起業が可能となるのである．

3.1.5 命がけのチャレンジャー

序章5節で紹介したカンボジアで起業し努力中の青年は，農耕地での耕作，工場での加工から出荷準備まで行い，プノンペンの本社へ運び日本などへ出荷

する。このフローを日本国内で仮想するならイメージとして茨城県で生産し，埼玉県で工場加工し，東京台東区から出荷するといったことであるが，インフラが整っていないカンボジアでは，容易なことではないのである。移動手段の問題，そして600万個とも言われるポルポト政権下での地雷とベトナム戦争時代の米軍が空爆した不発弾がいたるところに放置されているのである。毎年その地雷や不発弾のために命を落とす者が後をたたない。こんな過酷な環境下で日々ビジネスをしているのである。

　この青年は大学生時代にJICAの青年海外協力隊に参加し，カンボジアの悲惨な様を肌で体験しその結果，カンボジアに産業を興し貢献したいとの思いで起業している。したがって，日本人ではあるが日本のためでなくカンボジアの人々のために命を張って頑張っているのである。なお日本との接点はその商品を日本に輸出し収入を得ているところである。

　同じくカンボジアで接した30歳代前半の日本人の女性は，日本でOLをした後，プノンペンにきた。そこで観光ガイドブックや企業紹介雑誌の編集をして生計を立てている。彼女にインタビューしたのだが，彼女が住む地域は決して衛生状態が良いとは言えず，人通りはあるが，いつ人殺しがあってもおかしくないような環境下であった。イメージ的には米国のニューヨーク市の危険で近寄ってはいけないとされるハーレム地域のような場所にある。最近その地域に日本人が起業するためのオフィス（古びた3階建ての建物）が開設されたが，そこで起業直後の日本人たちは日々暮らしビジネスをしているのである。

　ミャンマーのミャンゴン郊外にあるカバン製造工場がある地域は道が舗装されておらず，夕方にスコールが降ると道は雨水がたまってぐちゃぐちゃになる。筆者は日本の1950年代の光景を思い出した。きっと上下水道など完備していないのだろうなーと感じたのである。こんな環境でもビジネスは可能だし，そこで頑張る若い日本人はいるのである。

　ここまで記載するとわかると思うが，不衛生で病気にかかる恐れがあったり，一つ間違えると強盗に襲われて殺されるような環境に日々身をおいているのである。この光景はきっと日本の第二次世界大戦直後の状況と類似しているのだろうが，現在日本で生まれ育った若者が平気で飛び込めるような場所とは思えないのである。そこでビジネスをしようとしている日本人たちには敬服さ

せられた。前述した日本人の女性には別れ際に「お体を気をつけてください」と話したが，その真意は病気にならず，犯罪に巻き込まれないでくださいの意味であった。とても日本にはあり得ない環境なのである。

3.2 グローバル化が進んだ段階での海外進出の課題とその方策

次に海外進出を実現するための準備行動について言及する。以下は東アジア地域，特に東南アジアの開発途上国（フィリピン，ベトナム，ラオス，ミャンマー，カンボジア）へ進出をする場合を想定してまとめた。

3.2.1 まず海外企業との取引開始（資材調達，製品・部品販売）

上記の国々への海外進出を考えた場合には製造業では必ず資材や部品供給を受けなければならない。海外進出し，わざわざ日本から多くの資材や部品を輸入するのでは物流費がかさみ，いくら人件費が安くても採算が取れない。従来大手製造企業の場合には資本力に任せて品質上問題が出そうな物品は大抵日本から輸入するか下請企業（協力企業）を一緒に海外進出させ，そのリスクを下げてきた。しかし中小製造企業の場合にはそのような状況は作れない。そこで事前に仕入れる資材や部品を進出希望の国から調達してみることからはじめる必要がある。しかも複数の企業からの調達をして比較する必要がある。以前中国がそうであったが，お試し資材購入時は海外の地場企業にとってもビジネスチャンスと考え，普段生産している雑な作業ではなく，慎重に製作した完成度の高い資材や部品を納品するものである。これを鵜呑みにして海外進出後，正式発注したところ，思ったものが購入できずに数カ月生産できないことがよく発生していた。起業したばかりの企業にとってはその経営ロスは死活問題となる。

この問題を完全に解消することは不可能な面もあるが，最も安心な方法は自社より早く海外進出した企業からの生情報の入手である。各国主要都市には大抵，日本人会や商工会が存在するので進出先近傍の日本人会や商工会の責任者の紹介で信頼のおける地場企業を見つけ出す必要がある。なおベトナムでは多

くの資材が輸入に頼らざるを得ない現実がある。したがって人件費は中国海岸部の工業地帯と比べると桁違いに安いのだが，仕入れ資材や部品が輸入品だと総原価に占める組立費（人件費）の比率が低いとまず採算が合わなくなる。いまチャイナプラスワンとして最も注目されているベトナムであるが，その点を事前にチェックして対応しないとえらい目にあう。たとえばホーチミン市で画材の額縁を作っている中小製造企業を訪問して経営者に聞いたところ，ベトナムでは資源としての木材伐採が禁じられているため，すべて輸入だという。そのために中国工場とベトナム工場ではほとんど総原価は変わらないとのことであった。

　進出した国への資材や部品の第3国（日本以外）からの輸入には一般的に関税が付く。しかし，それを輸出するならば関税が低く抑えられるのである。マレーシアで機械加工部品を多品種で作っている中小製造企業ではこの管理が大変であると言っていた。要は，第3国から輸入し，製品や部品にして別の国へ輸出する場合には関税が低く抑えられるがその輸入した資材や部品は厳重に他の部材と分けて保管しなければならないのである。もしマレーシアの検査官が立ち入り調査に来た際に違反が見つかると過去に遡ってすべて追徴課税が課される。したがってそれを嫌い，輸出する製品の資材や部品であっても一般品の輸入と同じ扱いで高い関税を支払うという企業もある。また，資材や部品がよく盗難にあうので，多くの企業では資材や部品を工場内の隔離された鍵のかかる倉庫に保管し，さらに24時間監視カメラを常備している企業もあった。その資材倉庫や部品倉庫には担当責任者を置き，昼間の管理を徹底している。また同じ者にその業務を長くさせると盗みを働く悪人（取引先や社員仲間ほか）との関係ができ，資材や部品を横流しする（他社に売りさばく）ことも想定されるので，定期的に倉庫職場の陣容を変えるといったことまでしている企業もあった[3]。このような悪しき慣習があることからどのようなシステムを自社内に作るかは大きな課題である。

3　日本を除く中国も含む東アジアの国々の多くでは，口利きと言って企業に勤めながら自分でいろいろな商売の仲介を取る者が多くいる。最悪の場合には務めている会社の資材や部品の横流しや取引業者の紹介などまで行いリベートをもらう。これを悪いこととは全く思っていない。それができる人が尊敬すらされるのである。悪気がなくすることが恐ろしいことである。

3.2.2 撤退を意識した経営

　日本では前述した通り，大企業の傘の下で下請型中小製造企業が多く存在している。親企業の業績不振による取引停止はあり得るが，まず翌月の取引額がゼロになるケースはそう多くはない。しかし日本以外の国々では分工場的下請企業は存在しないことから，今月取引があっても来月取引が継続する保証は全くないのである。ある意味企業競争の原理が働くフェアな環境といえる。ただし問題は毎月の売上額が保証されないのである。タイにある自動車・電機・精密産業関係のプラスチック製品の製造を行っている中小製造企業を訪問し社長に伺うと「日本でも今なお事業を継続しているが，その日本の工場は大手製造企業が海外進出したためジリ貧である。一方お蔭様で当地では日本の自動車メーカーとの取引だけでなく，他国の自動車メーカーとの取引があり，自動車業界の仕事のボリュームは増えたことは歓迎だ。しかし一つ失敗（たとえば不良品を納品）するとその翌月から発注ゼロになる。したがっていつなんどき売上額が落ちるかわからない。現在は欧州からの受注が順調で増産に転じうれしい悲鳴であるが」とのことであった。明日はどうなるかわからない緊張感の連続のなかでの経営を強いられているのである。欧米から導入された経営学では「ゴーイングコンサーン（継続的に事業活動を行うこと）」が経営の基本と位置づけられてきたが，現実は相当きついその日暮らし経営が継続実施されている。海外進出する企業においては，日本の生ぬるい下請構造下での体験しかしていない企業の場合には相当ギャップがある。その点で海外進出前にどのような企業が現地にはあり，どこに売り込みに行くかを十分準備しておくことは必要である。

　撤退を意識した経営とは前述した前向きな事前準備とは別に，進出当初から「どのような事態になったら，躊躇なく撤退するか」を明確にイメージしておくことである。たとえば2期連続売上額が30％ずつ低下した場合，すなわち売上額が半減したら撤退するといった取り決めである。要するに日本市場のような競争抜きの市場ではないとの認識を持つことが大切である。

3.2.3 進出先で骨を埋める覚悟で進出（市場は進出先とその周辺に限定）

　本テーマはそのような気持ちで覚悟を持って対応してくださいといったもの

3.2 グローバル化が進んだ段階での海外進出の課題とその方策　61

ではない。実際に実行することが求められる。具体例で説明しよう。

　本章3節で述べる事例3では日本にある工場を閉鎖し全社員を解雇しその工場敷地売却資金をもとに中国大連市に海外進出している企業を紹介している。現社長の父親が起業した会社のさらなる発展のためにはその道しかないと長男（社長）と次男（副社長）が決意して決めたことである。海外進出準備は数年間かけて周到に準備したようである。現在，社長と副社長は家族を日本に残し大連市内のマンション住まいである。毎日約70kmはなれた工場に社員とともに自家用バスで通勤している。技術指導の責任者である副社長はここ数年間，日本に帰っていないようである。社長は取引先の日本企業との打ち合わせのため毎月1回日本に2〜3日帰国するという。生活の中心はすべて中国においている。またその生活ぶりはいたって質素である。その国に溶け込み，その国の社員とともに生きていく姿勢が感じ取られ，社員からも尊敬されていることが良くわかる。大連市訪問時にはよく立ち寄らしてもらうのだが，いくたびに社員のために工夫した福利厚生施設ができていたり，マネジメントの方法を変えて社員が働きやすい工夫をしたりし続けている。先般訪問した際（約2年前）には，10数年勤めた社員が旅順の地場造船会社に転職してしまいショックを受けたが，彼が一人前になった証と盛大な送別会を開いたと明るく振る舞う副社長には感服した。

　事例1では先代の社長（創業者）が中国大連市に海外進出し，現在，国内は長男が社長，中国は次男が社長をしている企業を紹介している。先代社長は，次男には日本の地元の大学の中国語科を卒業させ，卒業後直ちに中国に行かせ，日本には帰国させていない。したがって次男は10年以上日本の地を踏んでいないのである。そもそも中国との合弁企業としてスタートしたのだが，合弁先が業績不振で独資に変わった。ただしその先代社長が人格者であったことから，設備を無償で譲り受けるなどの幸運にめぐまれた。現在大連市以外に2カ所工場をつくり，成長路線にあるが，スタート期には苦労が絶えなかった。1990年後半，国内に存在する親企業の中国移転時に中国への進出を薦められたが，先代社長は海外移転を断った経緯がある。したがってその後の中国進出では新たな仕事がなく苦労し，国内の工場の仕事を分けてもらい何とか中国工場の経営を継続したという。

筆者は，大連工場の副責任者の中国人女性[4]から，実は先代社長は本中国工場が厳しい時でも1名のリストラもせず，毎年1回約4週間この地に滞在し，全従業員のお宅を訪問し，「当社が，生産ができるのは，ご子息さんのお蔭です」とあいさつして回ったという話を聞いた。今でもその女性が村人に会うと，「先代社長さんは元気ですか」と声をかけられるという。2010年には中国政府から三ツ星褒章（地域の振興に貢献し，税金をきっちり払う優良会社として表彰）を受けている。中国では毎年採用した社員のうち30％以上が離職するのが当たり前の中，本企業の中国大連工場は健康上の理由等で数名が辞める程度と聞いた。人間味あふれる経営が功を奏しているのである。日本国内以上に進出した国の方々の懐に入り，その国の行く末のためになると信じたことを誠実に行った先代社長には頭が下がる思いである。初めて訪問した2011年当時でも「ド田舎」といった風景であったが，起業した当時はどのような村であったのだろうか。インフラも整っていないさびしい村への進出がどんなに大変だったかはわからないがその中で上記の行動を取れた先代社長は人格者と思われる。

まだ沢山の方々を紹介したいが，紙面の都合でこれ以上記載できない。苦言を一言書くと，近年，米国大学院のMBAを取得した人物（評論家やその類の方々）がもっともらしいビジネスモデルと称する論でまくしたてる図書に遭遇するが，海外進出の実務経験もなく，実証的検証もなくよく言えるものだと思う。それらのまやかし本を読む人々がその内容を信じ切って海外進出をすることが，前述したこととは真逆の反感を買うのだと筆者は考えている。

3.2.4 資金余裕が必要だが最後は進出先の人々との信頼関係が決め手

国内でも海外でも起業のための設備資金や運用資金に余裕があるにこしたことはない。

とりわけ海外進出には軍資金がなければ話にならない。なぜならば，外資を希望する発展途上国にとってはそのお金がある企業誘致が目的だからである。

---

4 この女性は先代社長の計らいで学費を社長に応援してもらい，日本の大学を卒業後この会社の国内工場に勤務しマネジメントを学び，中国進出時には現進出地域での起業を先代社長に進言している。彼女以外にも日本への留学に対して無償資金援助をしている中国人がいる。

しかし，本章でも紹介した海外へ進出したばかりの経営者の方々は決して潤沢の資金があったわけではない。また日本政策金融公庫などからの融資もあるが決して多額の融資は期待できない。進出先によるが流通業は独資の進出を認めるが，製造業は認めない国が多い。それは製造業が国力を維持・発展するための原動力と考えているからである。その点では進出希望の国々の資本家とのつながりを如何に持てるかが一つの課題である。筆者は2016年3月に中国深圳で，新技術を事業化しているベンチャー企業の中国人経営者たちと話す機会があった。いずれも優れたエンジニアであり，資本を提供してくれるオーナーに全面的な支援を仰ぎ，起業した話を聞いた。これは同じ中国人同士の話である。

筆者は2015年9月に南京市の河海大学[5]の商学部にあるMBAコースの学生たちに「日本経営の過去・現在」で技術経営の視点で2時間半集中講義をした。その後の質疑応答は約2時間で午後のすべての時間を費やすこととなった。受講者が全員中国人の企業人であり，中には日系企業で研究開発業務をしている方もいた。したがって実務上の活発な論議がなされた。その他，中国の南開大学，ベトナムの東部国際大学，ミャンマーのミャンゴン工科大学，カンボジアの王立カンボジア大学などでの講演と質疑応答，論文発表と質疑応答などを通しても，日本の成長期の技術マネジメントを真剣かつ真摯に受け止め，学び，実践できることはすぐに受け入れようとする熱気を感じた。彼らはお金持ちのオーナーを探し，起業する日を夢見ているのである。

最近同僚の大学教員の息子さんが日本の大学に在学中だが，交換留学生として中国の北京大学へ行かれたと聞いた。もし将来，東アジア地域での起業を考えているならば，これらの国々の最高学府である大学や大学院（MBAなど）に留学し，そこでその国の人々（大学教員や社会人学生ほか）とのネットワークを作ることが大切だと思う。それが将来の起業時に生かされるはずだからである。具体的には資金支援，商売上の販売支援，さらに現政府への働きかけがなされるかもしれないのである。特に発展途上の国々では商取引の規則がまだ

---

[5] 1915年，救国思想の影響を受けて，水利の専門家である張謇和が，治水を専門とする高等学校を創立したのがはじまりで，現在でも水資源の研究分野では有名な中国国立大学である。

整備されていない[6]ことからその国を動かすことのできる人脈を持つことが絶対に必要なのである。

ここで，序章4節で紹介した金沢秀憲社長（ゴールデンバーグ社）のインタビュー記事（Sankei Biz（2015年6月19日号））を紹介したい。

「（ミャンマーを初めて訪問した時）最初はホテルの周りをうろうろしては，いろいろな人に声をかけ，さらに友人を紹介してもらい，人のつながりを広げていった」という。2012年に稼働した最初の縫製工場のオーナーには，外資規制があったので現地の中国系ミャンマー人女性になってもらったが，その女性との出会いも，店で道を尋ねたのがきっかけだった。そこから家族ぐるみで付き合いが始まり，彼女の両親にもミャンマー法人の監査役になってもらった。ミャンマーでは外国人が会社を登記できないので，ミャンマー人に名義を借り起業するが，結局，乗っ取られたといったケースも少なくないが「利害関係だけでなく，信頼関係が大事」と，金沢氏は話した。

3.3 失敗しない海外進出を実現する経営戦略（事例を中心に）

以下の事例は筆者が過去5年に東アジア地域で行ったインタビュー調査（110件）から紹介するものである。インタビュー調査時，公開することを予定していなかったことから，具体的名称を記載していない事例もある。それはその企業に迷惑が掛かるといけないからである。その点はご容赦いただきたい。

事例1：日本品質が生きた下請からの脱皮戦略―日本で下請から中国で自主独立へ―

本事例は中国に進出した日系中小製造企業の総経理（日本人社長）にインタビューした内容をもとに整理した（訪問日：2011年9月8日）。（櫻井（2015）を一部引用）

---

[6] たとえばカンボジア，ラオス，ミャンマーがこれに該当する。なおミャンマーの大学教育はすべて英語で行われる。カンボジア王立大学には日本人の留学生もいる。

〈概　要〉
(1) 進　　出：1990年代後半に中国大連市に進出したA社
(2) 対象品：進出当初の業種は国内同様の建設機械関係の製缶・板金・組立業務
(3) 内　　容：2011年当時，日本国内工場350名（2工場），中国工場500名（3工場）
(4) 売上額：2011年当時，約30億円（中国工場分）
(5) 社　　歴：中国進出後の中国工場の社歴（図表3-1）。

図表3-1　A社の中国内社歴

進出時期区分	各期の中国国内特徴	事例1　A社中国内社歴
第1期 1985年～1991年	経済特区を作り外資企業を独資も認め誘致	
第2期 1992年～1998年	鄧小平氏が前面に出てのさらなる誘致	中国進出（合弁）
第3期 1999年～現　在	WTO加盟（2001）を念頭に政策の整備	中国（合弁→独資） 機能部品（品質重視）を製造 新たな業界の躯体製作（コスト低減）を製造

出典：筆者が『中国商務部通商白書2003年度版』を参照し3期に分ける。

〈補足説明〉
・A社は国内の建機大手X社のパートナーとしてなくてはならない存在である。
・親X社の中国進出（第2期）に伴い進出要請の打診があったが当時の先代社長が断った。
・A社は周到な準備をした上で親X社進出2年後に中国との合弁会社で中国進出をした。
　中国進出までの経緯は下記である。
　1）来日した若い中国人2名に学資支援し，本社工場近傍国立大学に留学生として学ばせて卒業後国内工場で働いてもらう。
　2）中国への進出3年前に社長夫人とその留学生1名（女性）が中国へ調査に行く。
　3）3カ所訪問し最も生産財メーカーが多く進出している大連市を選びかつ

現地企業との合弁でスタートすることを決定。なお進出先は留学生進言で工業団地ではなく都市から120km離れた農村地域に工場を建てることになった（現在でも相当な田舎）。

　4）自力進出当初7年間は国内工場案件の支援で何とか事業をつないだ。なお国内の親X社の中国進出子会社からの注文は一切なかった。

・建機業界の世界トップメーカと2000年代中頃から付き合いができ，その企業の薦めで圧力容器生産可能な規格審査を受け合格し，そのメーカーから発注あり（この世界トップメーカはA社の「日本品質」を評価したのである）。

・その後，圧力容器の規格認定が取れている数少ない中国内企業として中国新幹線の重要機能部品や日系医療機器の躯体製作などの新たなビジネスが開始された。

・上記により当初進出した大連市とは別の地区に2カ所の工場を新設した。業績は過去7年間，右上がりで，増収増益で中国から三ツ星印表彰を受けるまでに成長した。

〈成功要因分析〉

　以下の分析はインタビュー調査した筆者の個人的見解である。なお本内容は，今日，東アジア地域の経済発展の途上にある（図表2-3の低所得国区分）国々への進出時に参考にするとよいと考える。

① 海外進出したばかりは苦労がつきもの。現地企業との合弁企業もその一手。

　進出当初，資本力がないことから，中国企業（同業）との合弁企業を設立した。そのお蔭で創業期の設備資金の内，工場の建設費が合弁相手の中国企業負担となり助かった。また日本から持ち込んだ日本製設備と合弁先の中国企業が持ち込んだ中国製設備が半分ずつ供出したことで設備費用の削減もできた。その結果数億円の出費で済んだ。また中国での生産当初から中国製機械を使用したことから中国製機械の性能に熟知でき，その後の設備の増設計画で新たな機械の購入時に，費用が安い中国製機械の購入で失敗せずに済んだ。

　したがって当初の設備資金が少なく済み，運用資金のみで対応できたことで助かった。なお，その後，合弁相手が業績不振で撤退することになり独資への道を選んだ。

② 最後は人間対人間。心の交流が社業発展に貢献。

　中国進出当初7年間は中国市場での取引先はほとんどなかった。したがって日本の工場の仕事をもらう形で何とか採算を維持していた。その渦中で先代の社長（当時は日本国内と中国の両企業の社長を兼任）は毎年1回約4週間に渡り，中国工場に在籍し，全中国社員の自宅のご両親を訪問し，社員さんの献身的労働によって当社は安定した経営ができているとお礼し，日本からのお土産を手渡したのである[7]。現在は，息子（長男）が日本工場の社長，息子（次男）が中国工場の社長を務めているが，今でも地元住民から先代社長さんは「お元気ですか？」と慕われ続けている。そのご恩（進出した当時，本地域は全く産業がなく，A社進出は村にとって非常にありがたい雇用先であった）と慕う気持ち（低姿勢な当時の社長の行動と姿勢への感謝の念）は，進出先の地域から好かれる企業でなければならないという教訓である。現社長（長男）の話では，「父は，いつも，日中友好が大切[8]，モノづくり企業は働く人のお蔭で成り立っている。したがって社員はみな家族同然で，皆幸せにならなければならないと言っている」という。先代社長の人となりが良くわかる。

　中国進出以来20年近く経過しているが，創業当時採用した8名中5名がまだ在籍して働いている。また離職率が高い中国でありながらほとんど辞めないという。これは驚異的なことである[9]。だたし2008年中国企業に月給の3倍の一時金で5名の熟練工が引き抜かれた。中国ではこのような引き抜きは日常茶飯事である。社員採用はかなり慎重に行っている。一度正規採用した社員は1名も首切りしたことがない。近年中国では，3年以上継続就労させた場合には終身雇用することが義務づけられたが，それをすでに20年前から実行してい

7　全社員に対応することが大切である。したがって行動するなら創業当初からすべきである。別件だが，筆者の友人でベトナムの工場責任者（現地法人社長）であった彼は，1人の社員の求めで自宅に行き両親に会ったという。その後他の従業員からえこひいきとのクレームが出て，その後労使関係がまずくなったと聞いた。要は社員との関係行動はするなら全員を対象にしなければいけない。とくにASEAN地域の国々はその傾向が強い。

8　前述した中国から日本にきた若い中国人たちを大学に入学させ，その学費を全学支払うなど全く営利目的ではなく日中友好のため平素から実施していることはすごい。

9　通常海外進出はインフラの整っている工業団地を選ぶことが多いが，そこには大手製造業も進出するため，社員の流動化の激しい国では，社員の奪い合いが起こることが多い。過去中国進出先でも多々あった。したがって，大変だが工業団地以外の田舎を選択することは一つの選択肢であり，雇用面では有利になる可能性が高い。

る。A社の1年間は見習いで仮採用，その後問題なければ3年契約し，そののち正規社員として終身雇用するシステムを中国でも以前から実施しているのである。見習うべき人事管理だと思う。

③ 工場を良くするためにいろいろなことにチャレンジする。

　次に，製造企業としての技術スキルアップも重要である。本企業では，苦しい経営の続く中でも，日本品質を守るため，中国工場でもISO9001（2002年取得），MQ11005[10]（2007年取得），ISO14001（2008年取得）を取得している。また，現地調達にも熱心で鋼板は宝山製鉄所から購入し，他の資材も中国国内から購入することとし金額ベースで約90％を中国国内から調達している。ただし，品質にこだわることから加工精度の悪い小物部品（ナット，ボルト，スプリング，ワッシャー，パイプ，形鋼など）は日本製を輸入している（2011年当時）。

　本工場は一品モノ生産が中心（B to Bで受注生産）のため，現場技術者の技量が大切との考えからいまだに日本の工場よりも生産性は悪いが，生産ノルマや目標時間などは設定せず，新人社員に先輩社員が親身に教えるような工夫やいずれ工場管理を任せる大学卒のエンジニアにもすべて現場作業（加工ライン・組立製缶ライン）を体験させるという日本流のやり方をしている[11]。著者が現地で見た，加工機械の作業をしていた大学を卒業したばかりの新入社員のにこやかな顔が忘れられない。なぜならば日本の同種の職場でもなかなか見られない光景（すごく満足げに仕事をしている感じがしたこと）だったからである。きっと，ストレスがない環境になるように工場管理をしているのであろう。東アジア地域の日系企業では余りお目にかかることがない理想の工場であった。是非，これから東アジア地域に進出される日系企業はこのような環境づくりを真似してほしいものである。

事例2：進出国の市場だけを意識した戦略（テラモーターズ社の場合）

　本事例は東アジア全地域に製販活動を展開しているテラモーターズ社（本

10　取引先の某社の品質管理基準である。
11　日本の現場と同じようなやり方が良いかは一概には言えない。少なくとも受注生産型の一品生産の場合には本方式が常道とみる。見込み大量生産の場合ではこの限りではない。

社・渋谷)の徳重徹社長に筆者が日本バリューエンジニアリング協会発行「VALUE COMPETENCY」誌掲載記事のためインタビュー取材した内容をもとに整理した(訪問日：2012年1月26日)。(日本VE協会(2012)，テラモーターズ社HPの一部引用。)

〈概　要〉
(1) 進　　出：2010年4月ベンチャー企業を創立，2011年5月ベトナム工場，その後2014年7月インド工場を設立。
(2) 対象品：電動2輪バイク，電動3輪バイクの研究開発・製造・販売。
(3) 内　　容：創業1年強で国内3000台を販売し最大手に。安かろう・悪かろうの中国市場には目もくれず，日本品質を認める東アジア地域に展開。起業翌年に，自社生産工場をベトナムに建設しベトナム市場へ展開し，その勢いを加速させ創業4年目にはインドに工場を建設し，インド，バングラデシュを含み東アジア地域で製販に注力中である。
(4) 売上額：直近未公開，2018年度300億円見込み(日刊工業新聞電子版(2016))
(5) 社　　歴：設立趣意書では「Terra Motorsは日本が世界に誇る技術分野で設立当社からグローバル市場で戦うことを前提に創業された企業です。Electric Vehicleという新しい市場を生み出しリードできる存在になることで，日本発のベンチャー企業が世界で通用することをもう一度証明します。また，日本社会，特に若者をインスパイアして，世界で勝負すること，高いハードルを乗り越えリスクに挑戦することが当たり前の日本社会をつくることに貢献します。今こそ，日本全体がもう一度立ち上がる時です。Terra Motorsはその先頭に立ち，日本人の誇りを蘇らせます」と宣言し，わずか6年で，日本からインドまでの東アジア地域を網羅する電動バイクの企業に急成長している。

〈補足説明〉
・同社は後発電動バイクメーカーである。世界市場では10年ほど起業が遅い。
・ライバルで先行する企業(中国)との際立つ明快な経営戦略の違いにより，ベトナム市場で全面市場戦争を展開中である。具体的には中国のライバル企

業群の戦略は安売りする商売で故障したら修理せずに買い替えをしてもらう「売り切り商売」戦略であった。テラモーターズ社はそれを否定し，品質とアフターサービスを充実した「高品質にこだわる商売」をコンセプトとした経営戦略を取っている。

・ベトナム市場への進出後わずか数年でほぼ市場主導権を握るまでになっている。
・その結果を待たずに，インドやバングラデシュでの新たな市場開拓に乗り出し，インドに工場建設した。
・これは中国を除く東アジア地域の電動バイクを制覇する戦略である。すなわちライバル企業を明確化しその企業ではできない戦略で，真っ向勝負で戦い，勝ち進んで行こうとする強い意志が見える。

創業社長の徳重徹氏はインタビューした2012年当時から4年後のイメージをお持ちだったのだろう。筆者は徳重徹社長が電動バイクメーカーの世界的動向を冷静に分析したパワーポイントデータを示しながら，今後の世界市場での競合企業動向や今後の同市場の長期展望などを冷静に語る様を見て，只者ではないと思い，筆者のHPに「考え抜かれた戦略性に驚いた」と短くコメントしたことを思い出す。徳重徹社長は「日本発の世界で通用するベンチャー企業として成功させたい」ともその時言われていた。「この信念はすごい」ともHPに記載した。ベンチャー企業または既存企業の経営者で，このような明快な経営戦略を持ち，かつ，ストレートに発言する人物は見たことがない。前記した設立趣意書の文面は迫力がある。以前ソニー歴史博物館でソニーの井深大創業社長の創立趣意書の直筆文を読んだことがある。その創立趣意書を彷彿させる内容であった。徳重徹社長の出現はひょっとするとソニー井深大創業社長の再来かも知れない。まだテラモーターズ社は規模が大きいとは言えないがこのままうまく成長できればビックカンパニーにのし上がる可能性がある。今の日本全体に漂う閉塞感の中で，徳重徹社長のような有言実行型経営者は日本企業で久しく見ていない。

2013年1月28日のプレジデントアカデミー（東京）で行われた徳重徹社長の講演のテーマは4点であった。

1) 設立2年目で国内シュアNo.1を達成

2）少人数精鋭でスピード×戦略で4倍速
3）新興国へのマーケットイン
4）先行者利益に追従した利益を取れるか

　上記の講演のちょうど1年前に筆者はインタビューしているが，すでにほぼ同じ認識の発言をその当時からしていた。そしてそれが実現できたのが，2012年1月からわずか4年少々の2016年夏なのである。これだけのスピーディな行動を行うことができれば，徳重徹社長が自社の戦略をとうとうと包み隠さず話しても，同業他社は追従できないのである。上記の講演での話に対応させて，筆者が2012年1月に聞いた話を記載する。

1）設立2年目で国内シェアNo.1を達成
　　徳重徹社長はヤマハやホンダは国内市場ではいままで内燃機関開発でかけてきた研究開発費の回収もあるから，これから数年で電動バイクへの市場へのシフトは望まない。したがって当社が起業し国内市場で展開しても脅威にはならないと明確に言われていた。この分析は当たっている。だから2年目で電動バイクの国内シェアをNo.1にできたのである。徳重徹社長の読みはぴたり当たったのである。

2）少人数精鋭でスピード×戦略で4倍速
　　2012年の1月にインタビューした時に，テラモーターズ社の社員数をお尋ねするとためらうことなく12名と言われた。さらに研究開発要員の確保のことを聞くと国内の大手バイク製造企業ご出身の氏名をすべて教えてくれた。むろん，その内容をVE協会発行のVALUE COMPETENCY誌に載せることはしなかったがきっと徳重徹社長は投資家（その方々は同社のHP上で記載あり）には話していたものと推測される。このオープン性が米国のシリコンバレー周辺地域のベンチャー企業の特質と聞くが，徳重徹社長が日本の保険会社を退社後，米国で修業され身に着けたことの一つと考えられる。きっと社長にとっては隠すことより，オープンにして何か新たな情報を収集したかったのだと思う。
　　1）項「設立2年目で国内シェアNo1を達成」，3）項「新興国へのマーケットイン」戦略を包み隠さず，話されたことを思い出す。きっと起業以前から相当考え抜き，まとめた構想があったものと思われる。構想通りに

推移しているかは本人しかわからないことだが，その確信を持った受け応えに，筆者は自信家であると感じた。少なくとも日本の他社社長のインタビュー時の対応とは全く違っていた。質問したことに真正面から正直に答える様は欧米の経営者のそれに似ている。世の中を大きく変える経営者はかなりオープン性を持っているのである。ソニー創業の井深大社長もそれに近い性格だったとソニーの元社員の友人から聞いたことがある。是非，ソニーのような世界企業へ，のし上がることを期待したい。

3）新興国へのマーケットイン

　この話はインタビューした当時（2012年1月）は詳しく聞かなかったが，電動バイクの世界戦略としての総括的話を聞けた。その内容はこうである。当社は日本発のメーカーである。世界の人々が日本を見る見方は1970年代までの故障しない家電品や信頼性の高い電気部品など品質にこだわる商品を生み出す国とのイメージが定着している。だから，テラモーターズ社もこの「日本品質」を全面に出した販売をしたい。そのためには，研究開発力を磨く必要がある。との話であった。

　本件ついては，前述した通り，先行している中国メーカーとベトナム市場での全面経済戦争を行い勝利し，現在進行形のインドやバングラデシュや他の東南アジア諸国への売り込み競争の渦中にある。今後その動向を見ていくことが必要であろう。

　なお，今回筆者が同社のHPの海外事業内容の紹介記事をみて気づいたことだが，各国向けで異なるデザインの車種をそろえている。各国の趣味や伝統的に好きな形状などを分析し，二輪型バイクの日本やベトナム，3輪型バイクのインド，バングラディシュといった形状相違とさらにそのボディー色やデザインまでを全体コーディネーションしている[12]。これは新興国に日本で発売した家電商品と同じ商品を売り，顰蹙を買った家電業界の失敗を繰り返さないことを社長は学んでいるのである。

12　筆者研究では1600ccクラスのセダン型乗用車について日中の消費者にアンケート調査を行い意味的価値としてのデザインの分析を試みたところ日中の消費者ともデザインへの関心度が比較的高く，関心度が最も低いのは車両内の音響であった。したがって，電動バイクもデザインはきっと消費者の関心度の高い機能と思われる（蘇哲・櫻井・于金，2015）。

4）先行者利益に追従した利益を取れるか

　この内容は2012年当時，筆者から質問しなかったことから聞けなかった内容だが，その後の他の講演等の議事内容を拝読すると，電動バイクでは後発メーカーであることには相当な神経を使い，その対応をいろいろ考えられたようである。この点は日本の家電・自動車・精密の各産業が，欧米の後追いであったことから前述した「日本品質」と「低価格」を全面に出し，海外への輸出をしていった経緯を学ばれ，その両方を加味して日本的経営のマネジメントを学ばれたのだと思う。なお，本件は本来であれば日本の既存バイク製造企業が電動バイクでも世界市場でリードすべきであったが，前述した経過から後発になってしまったのである。但し幸いにもそれら企業では早い時点から電動バイクの研究開発活動は行われていた。各社は電動バイクを現市場に投入すると内燃機関搭載のバイクの市場を食うし売価も下がることから市場投入を見合わせていたのである。その点ではテラモーターズ社の出現でその日本の電動バイクの研究開発技術が日の目を見たともいえる。現に同社の技術指導者すべてが大手バイク製造企業の研究開発責任者や海外生産拠点の技術責任者経験を持つ方々であることからも明らかである。残念なことだが日本では日本市場で売りたくない商品やうれなそうな商品には研究開発活動が行われても市場投入されずにお蔵入りすることが多々ある。そのためにも，もっと多くの起業家が現われベンチャー企業を立ち上げてほしいものである。

〈成功要因分析〉

　以下の分析はインタビュー調査した筆者の個人的見解である。またテラモーターズ社は創業7年目の企業であり，成功かどうかは今後の動向を見る必要がある。ただし，補足説明した内容の中の特化した市場経営戦略は，これから東アジア地域に進出する中小製造企業の経営者にとって参考になると思える。その点に絞って，以下言及したい。

　この事例は消費者に直接販売するB to C製品である。したがってマスプロ生産や見込み生産をする製品である。したがって最もリスクの高い分野である。すなわち，［海外進出のリスク］＋［見込み生産のリスク］＋［マスプロ生産のリスク］があり，相当危険な賭けであることは読者の方々にはおわかり

だと思う。とりわけ資本力（起業当初の設備資金と運用資金）の確保が大切となる。そのためには資本を提供してくれる人々（含むベンチャーキャピタル）への説得力のある事業計画と競争他社を打ち負かすだけの経営戦略，そしてその対応のできる人材がどれだけいるかによって決まると思う。その点で，下記がポイントになると考えられる。

① 対象製品の世界市場での位置づけの確認

　すなわち先行できるのか，後発なのか，後追いだが追いつけるのかといった技術を含む総合判断が求められる。

② 対象市場の決定（ここでは東アジア地域への進出は可能か）の確認

　① 項目を踏まえた上でどのような海外市場があるか，そこへの工場建設は可能か，販売は確保できるかを明らかにする必要がある。

③ 各進出国別のマーケットイン戦略の確認

　前述の電動バイクの国別に異なる形状や色やデザインの具体的検討項目とその対応策の顕在化（売れる見通しのチェック）が必要である。

④ 以上の検討結果を踏まえた上の資金調達を可能にする経営戦略作成。

　起業から5年先までの事業計画の検討とそのための資金計画，そしてその資金計画実現のための経営計画を新たな経営戦略の策定でわかりやすく説明できる準備をする。

⑤ 最後にその経営戦略を踏まえて事業計画をもとに資本家に資金を募る

　この段階が日本では最も大変である。なぜならば，これを支援するシステムが弱いためである。

事例3：日本の工場をたたみ海外工場を展開—日本へのバイバック中心だが儲かる経営—

　本事例は中国に進出した日系企業の総経理と副総経理（日本人社長と副社長）にインタビューした内容をもとに整理した（訪問日：2011年9月13日）。（櫻井（2015）一部引用）

〈概　要〉

　(1) 進　　出：2000年初頭に中国進出したB社

　　　※本社工場（国内）は操業を停止し倉庫とし，中国大連市の工場で生

産開始
(2) 対象品：産業機械（機械加工・組立）
(3) 内　容：中国70名（1工場）
(4) 売上額：未公開
(5) 社　歴：中国進出後の中国工場の社歴（図表3-2）

図表3-2　B社の中国内社歴

進出時期区分	各期の中国国内特徴	事例3　B社中国内社歴
第1期 1985年～1991年	経済特区を作り外資企業を独資も認め誘致	
第2期 1992年～1998年	鄧小平氏が前面に出てのさらなる誘致	
第3期 1999年～現　在	WTO加盟（2001）を念頭に政策の整備	中国進出（独資） 機能部品（コスト低減） 機械組立（品質重視）

出典：筆者が『中国商務部通商白書2003年度版』を参照し3期に分ける。

〈補足説明〉
・B社は鋳物製品の切削加工と製品組立を行っている。
・産業機械の機能製品の自社設計ができ親Y社にOEM供給もしており技術力がある。
・親Y社調達部門から1990年代後半に今後支援が難しいと打診される。
・すでにその当時から中国鋳物を商社経由で購入していた。
・先代社長の息子が国内工場を閉鎖し，その資金を使い自力で中国進出する計画を立てる。
・2000年初頭に大連市の開発区の工業団地ではなく都市から70km離れた漁村で貸工場に受電盤や国内工場設備を持ち込み自力進出した（現在でも相当な田舎）。
・貸工場の家賃を考えると田舎でなければならなかった。
・過去2回ほど工場移転している。理由は貸工場の家賃値上げ等である。
・親Y社へは従来通り製品をバイバックして納めているが，現地で他の日系企業（大手産業機械メーカ）の仕事もあり，今まで親Y社依存度が100％であったが，現在は売上額の50％以上が他社の仕事である。また中国地場企

業からの仕事も若干ある。
・進出後，新たに購入する工作機械はすべて中国製とし，日本の最上位仕様を満たすために自ら改造し機械性能（加工公差）を向上させている。
・すでにチャイナプラスワンの考えから東南アジアのベトナム他から鋳物調達を初めていて，時期をみてさらなる工場の遷都（他国移動）も視野に入れている。

〈成功要因分析〉

　以下の分析はインタビュー調査した筆者の個人的見解である。なお本内容は，日本で下請企業で，国内での原価をこれ以上下げられないこと，工員が集まらないといった状況の中，国内工場を閉鎖し，工場敷地を売却することで資金を作り，背水の陣で海外進出して経営継続しようとしている企業の事例である。本書では「下請企業からの脱皮のための海外進出を」としていることから，推奨する事例ではないが，国内工場をなくすという思い切った戦略はあり得るとの観点で紹介する。

　このB社は日本に留まればジリ貧で事業継続はできなかったと思われる。それを回避することができた点で成功したという見方はできる。B社は現在も国内の親企業Y社からの仕事を行い日本へバイバックしている。ただしB社は中国進出後，Y社との取引額が減ったのだが，当地に進出している日系Z社との新たな取引が成立し，現在は中国地場企業複数社との取引も増え，新たな仕事分が全売上額の約半分となった。すなわち，国内であればB社が親企業Y社の下請企業であることがわかっている場合には，なかなか他の企業が仕事を依頼することは難しいのだが，自力で海外進出した場合には，親企業Y社がにらみを利かすほどの影響力がなくなるのである。その点自力進出が条件だが，海外進出のメリットはあったのである。

　なお，本ケースの場合にはいくつか工夫した点がある。本事例のように技術の差別化が難しい分野（例えば，B社の金属の切削加工）の場合には，以下を海外進出時の準備として実施することをお薦めする。

① 現地仕入れ品と仕入先の確認

　モノづくり企業の場合には資材や部品を仕入れ先から調達することが多い。すなわち，あらかじめ進出先の国から事前に材料（鋳物や鉄板などの金属素

材)を購入し実際に加工ができるかチェックすることが必要である。そうすることで材料仕入れが可能かの判断が明確にできる。なお無理な場合であれば、いかにして調達するか（たとえば日本からの輸入は可能か）を検討する必要がある。なお、いよいよ進出する場合には、その仕入れ先に定期的に訪問し、その製作過程をチェックすることをお奨めする。理由は実際に進出した時に当初の試作品と違う部品が入り、受け入れ検査で不良が発生し、その返品と良品の再納入で迷惑を被ることが多々あるからである。

② 工作機械は持ち込みが可能か　また地場の工作機械購入で一部改造も

　設備は日本から進出国へ搬入すれば良いわけだが、進出国によっては機器の保守管理ができない地域も存在する。また対共産圏に対する安全保障に関する貿易管理規定に抵触する工作機械は日本から持ち出せない。また日本製は高いことから、地場企業の工作機械を購入し自社で改造するなどできればメリットは大きい。B社の場合、日本の1/10の費用で中国製切削用旋盤を購入し、日本の要求品質を満たす水準まで改造し、NC部分はファナック製を取り付け使用している。その改造は自社で行うことができる水準の企業である。こうすることでその後の保守点検管理も含め総予算が圧縮できる。

③ 地場企業との取引が増えた場合には売掛金の回収期間が長くなりその運転資金が必要

　地場企業との取引が増えることは喜ばしいことだけではない。海外進出国の地場組立メーカーに部品を納入しても部品が使用され出荷されるまで支払いがなされない場合がよくある。その期間が1年以上もざらである。したがってその間の資金繰りのためのお金を持っていることが必要になる。

④ 貸工場での生産は近未来他国に行く可能性があるならばお奨めである。

　土地を手当て（一般的には長期借用）し、自社工場を建設した場合にはもし万が一他国に移転する時にはその工場や土地はさら地に戻さなければならない。また契約期限前だとなかなか当地からの撤退ができない場合が多い。そこで貸工場が便利である。契約は長くて5年であるので、他の地域への移転を視野に入れているのならお奨めの方式である。

　なお関連して本工場内で稼働していた工作機械はそこから持ち出すことはまず無理と考えるべきである。すなわち工作機械は捨てていく感覚でいなければ

ならない。

⑤ 自社の仕事がオーバーフローした場合の分工場を地場企業に複数社つくる。

　日本のバイバック先から従来の発注量の数倍の受注が時々入ることがある。その場合に備え，技術力の必要な仕事は内製（進出国自社工場で生産），比較的技術力が必要ではない仕事は外注（進出国地場企業で生産）という区分けで仕事を地場企業にも発注することも考えるとよい。地場企業は日本の製造企業との取引ができることを喜ぶはずである。その際，製法や生産性向上を図る工夫などを教えてあげると，その後仕入れ先などの現地情報が新たに得られることが期待できる。ただし，そのために常時外注指導要員が必要になる。その場合，その国で採用した工員を技術指導要員として派遣することはよくない。日本人の現場監督者クラス以上が対応することがよい。これは技術移転であり，ある意味自社の製造ノウハウを提供することになるが，地場企業とともに発展する気持ちが何より大切である。B社ではそのことで，地場企業とのネットワークができ，中国での安い仕入法や商売のうまいやり方などを伝授され経営上メリットがあったようである。何事もギブアンドテークである。

⑥ 工員のミスをどう対処するか。自分からミスを認めた場合には褒めよう。

　日本では考えられないことだが，東アジア地域だけでなく，日本以外の世界の国々では自分のミスを決して認めない。認めれば給料カットなど行われ最悪解雇されるからである。B社では作業後の自主検査で問題が見つかり，それを自分から公表した者には不良率10％未満はその公開したことを褒めるようにしている。こうすることで不良を公開する習慣がついてきたという。とは言っても，専任の品質検査員を置き，第三者により製作した部品や組立品のチェックは必要である。

⑦ 小集団活動は無理と割り切る。プラスアルファーの仕事と認識。

　事業規模の大・中・小に関係なく日本企業が海外進出すると大抵の場合日本の工場で生産管理や品質管理を行ってきたスタッフが工場責任者として派遣される場合が多い。しかし日本で行われている小集団活動や提案活動などを導入するのはまず無理と割り切るべきである。理由は海外の労働者は指示された業務遂行に対しての対価をもらうとの考え方だからである。プラスアルファーの小集団活動や提案活動には対価の上乗せ要求をされる。B社はその経験を踏ま

え，朝礼で前日作業の問題点を職場班長や専門品質検査員が指摘し，その改善を指示し，その内容に対して意見を述べた工員には班毎の日誌にその意見内容を記述させ，さらにサインを自筆してもらうことを実施しているという。大げさな行動と思うかもしれないが，自分が言ったことを明確に記載することで2度目の失敗時それを見せると「ごめんなさい」という。そして「二度としません」というのだとのことである。中国他日本以外の国々では謝ることイコール自分の存在を否定することぐらいに考えている。その点日本人はその場の状況を踏まえ自分があやまることで納まるならとすぐ謝るのであるがこれは日本人特有のことのようである。いささか強引なやり方だが品質改善には効果的な方法である。

⑧ 不満分子は早く解決を

「自分の給料が少ない」との不満を漏らす社員がいたら要注意である。中国人は特に給料をもらうとすぐ見せ合う習慣がある。そしてそれが引き金で不満分子が現われる。給料は週末に，しかも夕方の帰宅直前に渡すのが良い。また全社員に，支給される給料の話は職場では一切しないようにさせることである。

2011年9月に訪問した際，その数日前急きょ日本に戻りノート型パソコンと中国語のソフトを2式買ってきたと社長が話した。その理由はその年の3月の東日本大震災の影響で日本企業からの特需があり，7月から8月は残業が多くなったと言う。そのことに不満の社員が，中国の労働基準局の役人へ通報したようで，その直後に監督官庁の役人が来て，その事実を不満分子の給料明細から指摘し不法労働だと決めつけ（実は法律違反ではないが），この内容を公開したら，ここで生産ができなくなると脅され，その後で，パソコンの話が出されすぐ購入して我々担当官に寄贈するなら本件は不問にすると言った，という。その結果，社長が急きょ日本に戻りパソコンを買ってきたのである。後日談だが，結局，その不満分子はすぐさま自分から会社を辞めていったとのことである。当然監督官庁の担当官からワイロをもらったのであろう。この教訓はもし給料等で不満分子が不満を言った場合には契約上可能ならば，即座に解雇通告をする等の強硬手段を取ることが大切である。契約書にきっちり記載し，入社時にサインさせることが前提である。なおこのようなことが度重なると社

員のモラルが低下し全社員に問題が波及しかねないので要注意である。

事例4：自動車・家電の集積地域の後工程に特化戦略　─マレーシアの日系塗装工場─

　本事例はマレーシアに進出した日系薬品C社現地法人の社長にインタビューした内容をもとに整理した（訪問日：2013年9月19日）。

〈概　要〉
(1) 進　　出：1982年に日本法人の2代目社長が薬品事業を起こすため進出したC社。
　　　　　　　※うまくいかず，1986年にメッキビジネスに特化することにした。
(2) 対象品：メッキ・金属表面処理
(3) 内　　容：自動車部品や家電製品の塗装工程（後工程）専業ライン工場
(4) 売上額：未公開
(5) 社　　歴：1982年　マレーシアに薬品事業を行うため創業
　　　　　　　1986年　メッキ・金属表面処理事業へ特化
　　　　　　　1988年　メッキ自動ラインが完成（第一工場）
　　　　　　　1997年　第二工場完成
　　　　　　　2008年　隣接する敷地2万m^2を買収
　　　　　　　その後　さらに新工場完成

〈補足説明〉
・1990年代までは家電や精密機械産業部品を対象にビジネスを行う。その後低迷した。
・従業員　400名（正規200名＋契約200名）は，アドミ／技術／生産／プラント処理の4部門に分け，工場は20ラインあり5ショップに責任者を置く。各ラインが取引先別である。新工場にはまだ受け入れる余裕はある。
・社員は現在マレー人が90％だが，今後ネパール人の3年出稼ぎ労働者の採用を検討している。マレー人は働かないことが問題であると言明する。
・表面処理分野技術を所有しているところが当社の強みである。たとえば下記である。
　① ED塗装（ベーキング焼き付け・HDD×2ライン，乗用車×1ライン），

② クロムメッキ（アルミ），③ 亜鉛メッキ（大型：車，中小：ビス），④ 無電化ニッケル（3 ライン　HD 部品），⑤ ニッケルテフロンコーティング（滑り良くカメラ用途），⑥ スペシャルコーティング（滑る　カメラ用途），⑦ ハードクロム（カメラフレーム），⑧ ノダイジング（アルミ 2 ライン），⑨ アルマイト，⑩ 真空メッキ，⑪ ソフトストリッピング（金銀メッキ），⑫ バイオ（ニッケル・錫），⑬ 銅・ニッケル・クロムメッキ（カメラ）

- ISO9001（1999 年取得），ISO14001（2002 年取得）
- 取引先は 50 社ほどあり，その 80％が日系企業である。
 日系企業を中心にビジネス展開している理由は地場企業が低価格で品質は要求しない。
 そこで技術力で勝負するため品質を下げる競争市場には参入しない。
- メッキ事業は 100km〜200km の範囲の事業であり，取引先数は絞られる。
- マレーシアでは汚水処理で問題を起こすと，操業停止と罰金 170 万円が課せられることからメッキ専用工場の需要はこれからもある。
- 工場のラインは 3 直で 24 時間フル操業である。
- ライン途中は全数検査し，完成部品は抜き取り検査を実施し取引先へ出荷している。
- 今後の戦略は，需要が見込めるため新設工場をさらに増強し，メッキ工程の前工程（プレス加工や切削加工）を取り込むことを計画している。
- 日本の親会社は薬品事業を韓国・インドネシア・中国・タイ・アメリカで展開し，メッキ処理事業をマレーシア・フィリピン（サティカリヤ）・タイ・インドネシア・ベトナム・中国で展開している。

〈軌道修正の要因分析〉

　本事例の同社はマレーシア進出当初，薬品事業がうまくいかず，化学技術の専門分野の内メッキ・金属表面処理に特化した戦略に替えている。そのために海外進出して約 6 年間の歳月がかかっている。要は海外進出する際は，事前に進出する事業内容が進出先国でうまく創業できるかを十分見極めることが必要である。思いつきの海外進出ほど怖いものはないのである。本ケースは進出国に環境規制の法律ができ，汚染水の垂れ流しが規制され，その施設対応ができ

ない日系企業が当社に相談し，当社工場内にその対応施設を作ることで日系進出企業に対応したのである。たまたま進出した地域が自動車や家電企業の集積地域であったこともラッキーであった。

　本企業では実際に進出して勉強代を払い，進出国での市場ニーズと自社の技術力を分析し，自社の得意技を再発見しその事業に乗り出したのである。大なり小なり，海外進出した際には予想と違っていることがままあるものである。しかし，1980年代まではそれでも何とか事業内容の変更や部分修正ができたが，今日ではグローバル化社会になり，海外進出し，失敗した瞬間にすべてを失う危険性があることを自覚したい。

　さて，筆者が訪問したカンボジアでは，JETROの調査データによると日系企業100数社ほどが首都プノンペンを中心とした地域に進出したと聞いた。しかし訪問した日系企業の海外進出を支援する法律事務所や起業時のオフィスを提供する企業の経営者の話だとカンボジアで創業しようとし事業がうまくいかず，せっかく進出したのだから駐在員1名を残し，何か新たな事業を発掘するように指示が出ている企業が多数あると聞いた。大手企業なら良いが，中小製造企業では資金が続かない。その失敗の原因は，カンボジアのインフラ整備の遅れとカンボジア国民の対応能力[13]がないことによることが多い。

　では，どうすれば東アジア地域の実情が正確に把握できのだろうか。正直言えばその回答はないのである。筆者の友人はご自身の父親（中小製造企業の経営者）の薦めでマレーシアに5年以上住み，その後，近隣の国々で父親の仕事をバックアップするために商売先とやり取りをして15年ぐらい経過しているのだが，その方でもなかなか直近の状況はわからないという。したがって，もし新たに海外進出する場合には新事業内容を踏まえ経営者自身が実際に3現主義（現地，現物，現実）で見て来ることが重要であろう。その際，国や地方自治体の関係諸組織を訪問して情報を聞くのも良いが，その情報が正しいのか間違っているのかは，実際その現場にいって，その現地の人々やそこですでに仕

13　カンボジアの国民の能力が劣っているということではなく，国の事情でまともな教育がなされて来なかったことが主要因である。そのような状況下でヒト・モノ・カネがうまくかみ合わないのである。マスコミ報道も問題である。たとえばカンボジアやミャンマーではインフラである電気が24時間使えるのは首都と限られた観光地程度である。そこに海外進出できる環境などないのである。

事をしている人々に聞いてみることが大切である。聞いた話が真実かを自分で貪欲に検証することが求められる。さもないとこのC社現地法人のように無駄時間を費やすことになる。それでも持ち堪えることができる企業は良いが，失敗して無一文になっては元も子もない。海外進出の怖さがここにある。

事例5：「100％現地調達（部品も工作機械も）・生産方式は手動で」の実利戦略

　日本国内にあるD社[14]は日本の大手自動車メーカーのT-1（一次下請）である。自動車の重要機能部品を中国にある姉妹会社（D-1社とD-2社）の中国工場で生産している。その中国の姉妹企業は，大手自動車メーカーZZ社用部品を作るD-1社と大手自動車メーカーZZ社以外の自動車メーカー用部品を作るD-2社がある。なお本事例は中国に進出したD-2社の日本人の副総経理[15]（副社長）にインタビューした内容をもとに整理したものである（訪問日：2012年8月30日）。櫻井（2013）一部引用。

　その比較は図表3-3の通りである。大きな違いは中国部品調達率がD-1社は40％で，D-2社は98％である。また生産方式がD-1社は日本国内と同じ製法で自動化ラインであり，D-2社は組立ラインが手動にしている。また工作機械がD-1社は日本製，D-2社は中国製である。これはD-1社が製造した部品を納める先が日本の大手自動車メーカーZZ社で，その指示だからである。その戦略は石橋をたたいても渡らない技術リスクを一切取らない消極的戦略である。

　この結果は次頁の図表3-3の6項の通り，D-1社の総生産コストを1とするとD-2社は0.5の費用で作れるのである。

〈補足説明〉
・D社は中国に35社関係子会社がある。
・D-2社は中国企業との合弁会社である。

14　D社は中小製造企業ではなく大手製造企業である。本事例を紹介するのは，進出先の国で100％現地調達すると日本で製造するよりも相当安く（本ケースでは半分以下）できることをわかってほしかったためである。

15　同氏は以前日本のD社の本コンポーネント製品をまとめる事業部の責任者をした人物である。

図表3-3　共通T1企業の中国工場D-1社とD-2社比較

No	比較項目	D−1社	D−2社
1	取引先区分	日本の大手自動車メーカZZ社用部品	日本の大手自動車メーカZZ社以外用部品
2	モデル	最新モデル	1世代前モデル
3	中国部品調達率（調達額ベース）	約40%（他は日本から持ち込む）	98%（5名のバイヤーで対応）
4	生産方式	日本国内と同じ自動化ライン	組立は手動へ
5	工作機械	日本製を持ち込む	中国製
6	生産コスト比	1	0.5

注：筆者はD-2社の工場にインタビュー調査訪問した。
出典：筆者作成。

- 年商100億円450名（平均年齢31歳）内日本人は副社長1名を含む9名の体制である。
  内わけ：マネジメント50名，直接工300名，間接工100名（品管，検査，生産技術）
- インタビューした副社長は以前D社の本部品事業の責任者を歴任後，10年前からD-2社の副社長（技術担当）として在籍している。
- D-1社は最新型モデル，D-2社は1世代前のモデルである。その理由は既存の保守体制を生かすためで，市場はあり，D-1社の納入先以外の日系企業に納品している。
- 生産量は9000台／月で利益率が高い。
- D-1社は60%の部品を日本から持ってきているが，D-2社は違う。
  中国での調達率が98%で，山東省，広州省，遼寧省等から購入している。なお2%の部品は中国品が高いため購入していない。
- そのため5名の中国人スタッフ（勤続10年）が各調達先企業に出向き，技術指導をしている。
- 現地購入先35社で，5社が2000名規模の会社，他は30〜40名程度の中小製造企業である。
- 全数検査後納入させる。

- D-2社はD-1社部品の半値原価で制作可能（理由は中国製部品350部品と工場生産方式による），工場生産方式では搬送ラインなし，自動化もあえてしていない（手動・半自動）。組立ラインはサブ組立7名＋本ライン組立7名でやっている。
- 工作機械は日本の1/5の値段で購入できる。日本製は高い。自動化率20％程度に抑えている。
- 機械職場は3直（部品の熱処理の自動処理機械等），組立職場は2直である。
- 日本製工作機械（森精機のNCマシーン）と3次元測定器はココム規制で，GPSでチェックされている。
- 社員には，2013年最低賃金1450元の約3倍の賃金（3500～4000元）を支払っている。
- 当地上海市周辺の日系企業は通常30％が派遣社員（安い労働賃金＝地方採用）でカバーするが，D-2社は大半が上海戸籍の持ち主でカバーしている。
- 工場は2009年新築，天井が通常より3m高く，天窓から自然の採光が入る。
- 改善活動開始は2012年度から，スローガンの張り紙なしは副社長の方針である。
- 以前の改善活動はトップダウンで実施。5年前からは自主活動で今年からQC活動も開始。
- 現工場では機械加工は自動機，組立は手動であるが，近未来には半自動。将来は人件費の高騰に合わせ自動化する予定である。

〈成功要因分析〉

　本D-2社から学ぶことは海外進出したらその国で材料や部品を100％調達する気概で対応すべきである。事例3のB社の例でも，中国調達率は約80％だから，このD-2社はすごいと思う。またそのための技術指導などがD-2社の技術力，すなわち技術リスクを解消するノウハウがあり，その指導ができていることがすばらしいと思う。

　また組立作業は日本で自動であるからといってそれに合わせる必要はない。人件費が安いのであれば，手動にすることがベストかも知れない。それで思い出すのは大連市にあるマブチモータの工場である。同社は超量産のモータ組立が人力（手動），中量産のモータ組立が半自動工程も一部ある手動ライン，特

注品の組立で製作数が少ないモータ組立の場合には半自動工程が多くなっているのがとても印象的であった。要はコストがいくらかかるかの見極めがきわめて重要である。

3.4 小括：海外進出の決め手は進出国とのコミュニケーションが大切

　ここではこれまでに紹介した事例や筆者がインタビュー調査してきた海外進出した日系企業で進出が成功であったと言える企業群の共通項を少しまとめたい。それは円滑なコミュニケーション[16]に尽きる。このコミュニケーションはどの分野（ビジネス，芸術，スポーツ他）でも共通して大切である。
① 事例1の場合
　事例1では，先代社長の年1回の全社員自宅へのお礼訪問，そして息子（次男）で現社長は大学で中国語を学び，中国語の読み書きと会話で全く不自由しないレベルであること，そして中国の3工場では，中国人で日本に留学した学生の学費を支援し，国内工場でマネジメントを学んだ社員が母国で各工場を支える立場でいるのである。最高の布陣での海外進出である。ただし当初からそのような状況ではなかったことは明らかである。その際でも先代社長の人間の交流行動が社員のモチベーションを上げたことはいうまでのない。
② 事例2他の場合
　事例2では，ほぼ同時進行で東アジア全域をカバーする電動バイク製造販売を手掛けているのだが，創業徳重社長が米国で実務の武者修行をしていることから，世界言語である英語をコミュニケーションツールとして使用していることはいうまでもない。序章4節のミャンマーに進出したゴールデンバーグ社の金沢社長は中国で武者修行をし，中国語がネイティブにちかいほど堪能であることから東アジア地域の事業を見据え行動することができたのである。
③ 事例3他の場合

16　社会生活を営む上で人間の間で行われる知覚・感情・思考の伝達行動のこと。言語・文字その他視覚・聴覚に訴える各種のものを媒体とした交流行動のこと。

事例3では，先代社長の息子たち（兄弟）は社長・副社長として中国に渡り，必ず2人で中国工場内会議に臨む。中国人管理者との討議での結論は，その場で兄弟が合意した場合，直ちに実行するシステムになっている。気心の知れた兄弟のビジネスセンスの合致で意思決定している様はコミュニケーションの正確な理解と正しい意思決定を生み出すものと思う。また当社は国内工場を閉鎖したことから中国工場が唯一の工場であり，経営者が工場を離れることは許されないのだが，営業等で中国や海外（含む日本）に出張する際でも必ず1名が残る体制になっている。これは企業運営にとって非常に重要なことである。

ベトナムでの釣り道具をつくる工場では，社長が工場内に寝泊まりしている。その地域に進出した日系企業の日本人経営者は，通常は治安の良い町のホテル住まいをすることが多い中，自炊してその工場に命がけで留まるのである。とにかくすごいことである。社員のモチベーションも上がると思う。そこには海外進出した国に溶け込もうとしている様が見え，その国の人々にとってその進出の本気度が高いことを印象づけることができる。

④ 社員に対する経営者の行動は

以前モンゴル訪問時，地場の大手パン工場（含むクッキーやケーキの生産）では，日本の5S活動を推進していた。その日本の推進機関のコンサルタント会社が指導に来たとの説明であったが，その5Sの精神（整理・整頓・清潔・清掃・躾）ができていない現場をみた。日本では社員教育を一度すれば，ほぼ徹底されることでも海外ではそうはいかない。その理由は社員の離職率が高いことと自分に与えられた作業以外はしないのである。いくら教育しても，それを自分が行うこととして認識しないからである。ただし，モンゴルだけでなく多くの国々では社員は企業経営者の言動には相当神経をはらう傾向が見受けられる。それは企業経営者に直接認められ，給料を上げてもらいたい[17]との思いとそもそも自分も将来はそういう経営者になりたいとの夢があるからである。

---

[17] 日本以外の国々では敢えて経営者が社員と触れ合う機会を作らないマネジメントが大半である。たとえば昼食は別，エレベータも専用エレベータで社員と別にしている場合が大半である。経営者の工場内視察もまず皆無である。これとは対照的なのが日系企業の経営者である。この行動でプラス面を生かすべきであろう。ただし大半がそのマイナス面で失敗するケースが多い。

その点では，前述した日系企業の経営者の社員に近い場所での直接的行動は多いに社員を動機づけることは間違いないのである。しかもその国の母国語で話しかけられたらどれほどうれしいことだろうか。

参考文献
[1] Sakurai Keizo (2013) "Why Would the Excessive Quality Happen in Japan",ICPM2013 Eastern International University Vietnam September.
[2] Sakurai Keizo et al.(2014) "China: a bird's-eye view Ⅳ.Technological challenges 4. Competitive Strength in Manufacturing -The Future of Chinese Manufacturing-", Ecole de Guerre Economique & Japan University of Economics, pp.266-276, Intelligence Publishing.
[3] 櫻井敬三（2013）「中国に進出した日系企業（輸送・家電）の消極的技術リスク回避戦略」研究・技術計画学会 第28回年次学術大会講演要約集。
[4] 櫻井敬三（2014）「中小製造企業の独自の競争力獲得と製品化過程に関する調査報告書」科学研究費（基盤研究（C）24510210)。
[5] 櫻井敬三（2015）「日本の下請型中小製造企業の実態調査結果に基づく考察」日本経済大学大学院紀要 Vo3,No2, pp.67-82
[6] Sankei Biz（2015年6月19日号）
「【飛び立つミャンマー】日系工業団地運営のゴールデンバーグ社」
(http://www.sankeibiz.jp/macro/news/150619/mcb1506190500009-n1.htm)
検索日 2016年8月16日。
[7] 蘇哲・櫻井敬三・于金（2015）「乗用車の機能的価値と意味的価値の購入時の日中比較研究」研究・技術計画学会 第30回年次学術大会講演要約集。
[8] 日刊工業新聞電子版 （2016年3月21日）「アジア深耕一事業売上高18年300億円」
https://newspicks.com/news/1452886/検索日2016年8月17日。
[9] 日経新聞（2010年4月28日）「金属熱処理「車以外」を開拓」。
[10] 日本VE協会発行（2012 SPRING）「VALUE COMPETENCY」No.33.

（櫻井敬三）

第4章

企業の海外進出戦略と立地優位性の追求
──図們江地域を中心に

　本章では，投資先国における市場や資源を開拓して利用するために重視すべきである「立地上の優位性」という観点から，近年になって再び注目を浴びている図們江地域を取り上げている。主に，中国東北地域とGTI関連諸国との産業別・競合補完関係の変化を明らかにし，吉林省への現地調査に基づいて，海外進出を検討している企業に有望な協力分野と今後の進出戦略について考察を行った。

　主に次のような結果が得られた。

　(1)　図們江地域は北東アジアの中心地として日本海の海上輸送，陸上輸送，航空輸送の拠点となる可能性が高い地域として浮上している。関連諸国のインフラ提携によって日本海横断航路が開通されて定期運行となった場合には，輸送時間の大幅な短縮などといったメリットが生じ，北東アジアにおける貿易ルートの拡大につながると考えられる。

　(2)　中国東北地域はその他地域（国外，国内）にとって貿易中継地としての役割を果たしており，その中継額も年々拡大していることが明らかとなった。こうした東北地域における中継貿易の拡大は，単に東北地域の需要を満たしているのみならず，中国のその他地域とも密接にリンクしている現状を表している。

　(3)　対世界への貿易において競争力が弱い産業が隣接国に対して競争力が強いという結果は，この分野において，中国内陸の競争力の弱い製品が東北地域を通じて周辺諸国へと輸出されていることを示唆している。こうした意味で，東北地域の貿易中継地としての役割は，内陸産業に新しい市場を提供することとなり，中国経済にのみ有益なものではなく，東北地域をはじめとするGTI関連諸国の地域経済発展にも寄与するものと考えられる。今後の地域間協力の進展に伴って，日本企業にとっても現地を拠点とした市場拡

> 大につながるものと予測される。
>
> (4) GTI が多国間協力を通じた地域間協力であるだけに，歴史問題，領土問題などの外部リスクにより難航している。そのため，しばらくは地理的に近接している地方政府を中心とした地域間協力を構築するという接近方式が有効であろう。実際に，日本の東北地域との交流例からして，「日中東北開発協会」，「日中経済協力会議」などを介して友好的な雰囲気を作りながら相互協力を強化しており，実質的なビジネス環境を構築する戦略をとっていることがうかがえた。
>
> (5) 図們江地域は北朝鮮による核開発などの外部リスクは依然として大きく，借港出海への本格的な開通までには不透明な部分もあるが，将来的に北朝鮮という外部リスクが解除されれば，図們江地域は，日本企業にとって最良の投資先の一つとして浮上する可能性が高い。

4.1　はじめに

　グローバリゼーションの進展に伴い，企業の海外への事業展開は，企業成長に不可欠な戦略である。海外における現地との分業体制の構築は，企業が国際化戦略により進出先国に機能の一部を移管することから始める。だが，企業の海外進出は，単に機能を移管すればよいものではなく，海外進出を行う際には企業自身の要因や投資先国の特性などについて検討する必要がある。過去の経済学研究では，海外直接投資を行う要因や背景を「企業活動の優位性による経営的支配」，「取引費用の内部化」，「折衷理論」などに求めていた。特にダニング（Dunning, 1981）の折衷理論は，海外生産をはじめとする海外直接投資を説明する包括的なフレームワークとして，所有特殊的優位，内部化優位，立地特殊的優位の三つの要素を取り上げていた。ここで，所有特殊的優位と内部化優位は海外直接投資を行う投資企業の特性によるものであるのに対し，立地特殊的優位は投資対象国の特性と関連していると述べている。本章では，投資先国における市場機会や資源機会を開拓して利用するために重視すべきである立

地特殊的優位性という観点から，近年になって再び注目を浴びている図們江地域（主に中国東北地域）を取り上げる。

中国東北地域[1]（以下：東北地域）は国連開発計画（United Nations Development Program；以下，UNDP）が1991年から推進してきた国際協力事業である図們江地域開発計画（Tumen River Area Development Program；以下，TRADP）の貿易・物流の中核地域にある。TRADPは1990年代初期，図們江下流地域を国際的な自由貿易地域として開発するというUNDPの構想から中国，ロシア，モンゴル，韓国，朝鮮民主主義人民共和国（以下：北朝鮮，2009年に脱退）の5カ国が協定加盟国として参加している多国間開発プロジェクトで，2005年に広域図們江計画（Greater Tumen Initiative：以下ではGTI）に外縁を拡張したが，加盟国の利害関係対立と北朝鮮をめぐる国際情勢の変化などにより大きな進展は見られなかった。しかし，2000年代後半から中国，北朝鮮，ロシアを中心に積極的な経済協力が進むようになり，中国政府が2009年に新たな成長エンジンとして「中国図們江地域協力開発計画要綱－長吉図（長春，吉林，図們）を開発開放先導区とする」（以下：「長吉図」）を国家戦略とし，図們江地域開発と結び付けて大規模開発に乗り出したことで図們江地域開発は新しい段階を迎えている。すでに急ピッチで整備された基幹交通インフラに加え，各地方を連結する高速鉄道，道路の建設，日本海横断海上航路の拡大などのインフラ整備も着々と進められており国内外の企業から注目を浴びている。

本章では，GTIの優先開発分野の一つである貿易に焦点をあて，以下の4つの課題について明らかにする。

(1) なぜ図們江地域なのか，中国の地理的・文化的特徴から図們江地域の立地的優位性について検討する。

(2) 東北地域とGTI関連諸国との貿易の特徴と省別・産業別の競合・補完関係の変化を捉える。

(3) 「国内―東北地域―海外」との経済的連携の実態について明らかにする。

(4) これまでに日本は図們江地域にどのようにかかわってきたのか，吉林省

---

1 黒龍江省，吉林省，遼寧省，内モンゴルを指す。

への現地調査に基づいて，企業の経営状況と今後の進出戦略と課題について検討する。

(2)と(3)は貿易データを用いて分析を行い，(4)は現地調査に基づいての事例分析となる。データ分析においては，基本的に東北地域を研究の空間範囲で指定するが，広義の範囲では，東北地域と隣接しているモンゴル，ロシア，北朝鮮と第二隣接国の日本，韓国との貿易を分析の対象とする。

以下では次のような構成で進められる。次節では，まず中国の地理的・文化的特徴を明らかにし，図們江地域の立地的優位性について確認する。3節では，東北地域と GTI 関連諸国との貿易に関する特徴を分析し，それら地域間の競合・補完関係について明らかにする。4節では，日本がこれまでに図們江地域にどのようにかかわってきたのか，について整理を行い，2016年8月に行った現地調査を踏まえて，現地に進出した日本企業と民営企業の事例をあげながら，海外進出を検討している企業に適している協力分野と進出戦略を提示する。5節では本章の分析結果に基づいてまとめとする。

4.2　地理的特殊性

4.2.1　中国の地理的・文化的特徴

中国は約 2.2 万 km の国境線をもっており，国境を接している隣接国も世界で最も多い。東から北朝鮮，ロシア，モンゴル，カザフスタン，タジキスタン，キルギスタン，インド，パキスタン，ネパール，ブータン，アフガニスタン，ミャンマー，ラオス，ベトナムと計 14 カ国ある。国境地区には遼寧，吉林，黒龍江，内モンゴル，甘粛，新疆，西蔵，雲南，広西などの9つの省・自治区（以下：辺境地域）がある。

この辺境地域には隣接する国との国境で分離された同一民族も多く，55 少数民族のうち 29 民族が国境を跨って居住しており，その多くは言語・文化・歴史を共有する同一民族が多いことが大きな特徴である。たとえば，東北地域には 192 万人の朝鮮族が居住しており，その同じ民族が北朝鮮に 2100 万人，ロシア連邦に 15.5 万人，カザフスタンに 11 万人がいて，その使用される言語

も同じ朝鮮語である。このほかにもモンゴル族，ロシア族，カザフ族，ヤオ族等はそれぞれ隣接しているモンゴル，ロシア，カザフスタン，ベトナム等といった地域に居住しており，民族ごとに独自の言語が使用される[2]。このように二つの文化が交差するこれらの国境付近には，長時間による文化の融合によって，一つの文化地域が形成されている。そのため，隣接する国との間の合流においてはこうした「特質」が重要な役割を果たす。要するに，国境を越えた地域間協力において，これら辺境地域における少数民族の役割は大いに期待できると考えられる。

加藤（2003）によれば，中国は地形，気候，民族などの多様性から一つの国というより，一つの世界あるいは複数世界の集合体と捉えたほうが良い。これを参考にして再構成してみると，図表4-1が示すように，本研究での辺境地域はいわゆる第4世界となる。現在，この辺境地域における国境を越えた地域間協力では大きく，GTI（Great Tumen Initiative，図們江地域開発），SCO（Shanghai Cooperation Organization，上海協力組織），GMS（Greater Mekong Sub region，大メコン圏）をあげることができる。

本章では，この三つの国境を越えた地域間協力の一つである図們江地域開発（GTI）を事例として取り上げる。GTI関連諸国には中国，モンゴル，ロシア，北朝鮮（2009年に脱退），韓国，日本（オブザーバー）などの北東アジアの主要国が含まれており，この図們江地域に含まれる関連諸国の地域はそれぞれの国のなかでもその他地域より経済発展が遅れた地域で構成されている共通の特性を持っている。これらの特性は，別の角度からすれば当該地域の発展潜在力の高さを意味する。

4.2.2　図們江地域の立地的優位性

図們江は中国と北朝鮮の国境にある長白山（朝鮮名：白頭山）天池から出ており長さが516km，上・中流の498kmまでが中国と北朝鮮の国境線で，中国の琿春・防川から河口までの18kmは北朝鮮とロシアの国境線となる。一般的に図們江地域は，中国，北朝鮮，ロシア3国が隣接する図們江デルタ地域を指

2　安田（2013），pp.88-90。

94　第4章　企業の海外進出戦略と立地優位性の追求

図表4-1　中国の地理的・文化的特徴（4つの世界）

一つの国・4つの世界（複数地域の集合体）

中央アジア：地域間協力組織
SCO（上海協力組織）
第四世界

北東アジア：地域間協力
GTI（広域図們江地域開発）

東南アジア：地域間協力
GMS（大メコン圏）

辺境地域：国境を接している省・自治区

東北地域：内モンゴルと東北三省

GTI関連国・地域（計14カ国）：
中国東北地域、モンゴル、ロシア、北朝鮮、韓国、日本

隣接国　北朝鮮、ロシア、モンゴル、カザフスタン、タジキスタン、キルギスタン、インド、パキスタン、ネパール、ブータン、アフガニスタン、ミャンマー、ラオス、ベトナム

第二隣接国：日本、韓国

第1世界（先進地域）：上海浦東の金融センター、北京中関村のハイテクパーク、広東省深圳の輸出加工区
第2世界（中進地域）：江蘇、浙江から広東に至る東南沿岸部の農村地域で成長の潜在力に富む
第3世界（後進地域）：中国農民のほとんどがこの地域で、出稼ぎが現金収入、未熟練労働プールとして中国の経済発展に貢献する
第4世界（周辺地域）：上記のいずれにも属さない山岳地域、辺境地域からなり、少数民族の居住地とほぼ重なっていて、発展の中心からも最も遠い地域

出典：加藤（2011）pp.6-7 をもとに作成（地図のもとは中国まるごと百科事典）。

4.2 地理的特殊性

す。狭義では，琿春（中）—羅津（朝）—ポシエト（露）を結ぶ小三角範囲であり，広義では延吉—清津—ウラジオストクを結ぶ大三角範囲を指す。この地域を頂点としながら北東アジアの6つの地域や国が含まれたのが広域図們江地域である。要するに，東北地域，ロシアの沿海州，モンゴルの東部，北朝鮮，韓国の東海岸，日本の西海岸などで総面積が約1000万 km^2 となる。この図們江地域は北東アジアの中心地として日本海の海上輸送，陸上輸送，航空輸送の拠点地域とすることが可能である。図們江河口から日本海の主要港湾までの最短距離をみると，北朝鮮の羅津港と清津港までそれぞれ40kmと80kmであり，ロシアのウラジオストク港まで160km，日本の新潟港まで800km，韓国の釜山港まで750kmとなる。この他にも図們江河口から日本海と津軽海峡を経由して太平洋航路を利用することができる。

このように図們江地域は北東アジアの中心部に位置して，中国，モンゴル，ロシア，北朝鮮，韓国，日本を含む多国間協力においての独特な地理的優勢があることがわかる。しかし，この黄金の「デルタ」とも呼ばれる図們江地域は，中国，ロシア，日本，韓国などの利害関係がかかった安保の要衝地でもある。とはいえ，関連諸国のインフラ提携によっては物流コストの大幅な削減ができる重要な地域である。特に，羅津港はモンゴルと東北地域の日本海への出口であり，朝鮮半島横断鉄道（TKR），シベリア横断鉄道（TSR），中国国内鉄道（TMR）などが交叉する国際物流中心地として浮上する可能性が大きい。中国政府は羅津港と距離の近い琿春市に注目しており，東北開発の一環として吉林省の長春—吉林—琿春を連結して北朝鮮の羅津と接続するいわゆる長吉図を国家戦略としている。

もう少し吉林省の琿春市に注目してみよう。琿春市は吉林省延辺朝鮮族自治州東端に位置する県級市で1992年に辺境開放都市として指定されており，人口25万人のうち40％以上が朝鮮族である。優遇政策をみると，琿春市は，東北老工業基地振興政策，西部大開発政策[3]，辺境少数民族地区政策と辺境経済合作区，輸出加工区，互市貿易区の3区の特殊な政策などを享受することができ，「国字号政策」（国の政策）を最も多く受けることのできる地域である[4]。また，2009年の長吉図の先導区域として，2012年には国務院の認可を得て「中

---

3 優遇対象地域に含まれる。
4 現地政府機関への取材から。

国図們江地域（琿春）国際合作示範区」が建設されている。この示範区には，中央政府から「先行先試」の権利が付与されており，約300項目に及ぶ優遇制策を実施している。たとえば，投資指南では，税金，財政，金融，土地などの面において優遇条件を提供し，特殊な投資対象には，状況によって別途の優遇条件を提供する，などと明記している。物流・インフラをみると，辺境都市・琿春には港湾はないが国境近くにはロシアのポシェト港，ザルビノ港，ウラジオストク港，ナホトカ港，東方港，北朝鮮の羅津・清津港がある。これらの港までは，図4-2で示すように，琿春通商口から陸路でロシアのポシェット（42km)，ザルビノ（71km)，ナホトカ（340km)，ウラジオストク（170km)，圏河通商口から北朝鮮の羅津（48km）までに直通道路がある。琿春の図們江から海までの距離は15kmしかないが，現在は小型船しか通れず大型貨物船は陸路を通ってロシアと北朝鮮の港を経由することとなっている。

　北東アジアにおける琿春の位置を示したのが図4-3である。これまでに(1)北朝鮮の羅津港経由で韓国の釜山港，(2)ロシアのザルビノ経由で韓国・江原道の束草港，(3)ロシアのポシェト経由で日本の秋田港，(4)羅津経由で上海／寧波へと国内貿易，(5)ロシアのザルビノ経由で日本新潟の五つの海上貨物輸送航路が開通した。このほかにも2011年1月からは，琿春圏河税関から羅津港経由で中国の南方地方（上海，寧波，黄埔，汕頭，常州など）に食品，木材，石炭などを輸送する取り組みが始まった。また，日本海への出口を確保するために，吉林省長吉図物流集団とトロイツァ港有限公司が，2010年8月にザルビノ港国際合弁有限公司を設立し，中露共同でザルビノ港の整備に取り組んでいて2018年の完工を予定している。この港が完成すれば北東アジアの中

図4-2　周辺の港湾までの距離（単位：km）

	ポシェト港	ザルビノ港	ウラジオストク港	ナホトカ港	東方港
琿春通商口から	42	71	170	340	350
	先鋒港	羅津港	清津港		
圏河通商口から	36	48	127		
琿春からロシアや北朝鮮の港を経て韓国の釜山港へは750km，日本の新潟港へは850km。					

出典：中国吉林省延辺朝鮮族自治州ホームページ。

図表 4-3　北東アジアにおける琿春の位置

中国では「図們江開発計画」を国家戦略に位置づけており、この航路の重要性が大きく高まることが期待される。

【図們江地域】
日本海に最も近い中国内陸地域で北東アジアの中心に位置する。中国の吉林省、遼寧省、黒竜江省、ロシアの沿海地方などが含まれる。

出典：中国吉林省延辺朝鮮族自治州ホームページ，新潟県ホームページ

でも最大港の一つになると予測されている。

現段階での日本と東北地域の貿易海上ルートをみると依然として大連港の経由が多い。北海道から魚介類や加工品の輸出、中国から飼料や電気機器の輸入を行っているが、道内の6港湾から大連、天津、上海等と定期的に貨物輸送を実施している。また、富山県の伏木富山港は2013年に日本海側の「総合的拠点港」に選定され、定期コンテナ航路が大連港へ週2便運航しているなどロシアの港湾を経由しての東北地域への輸送ルートはまだ限定的である。実際、新潟港とロシアのザルビノ、ウラジオストクの2港を結ぶ日本海横断航路について、新潟県が当初目指していた2016年春の就航が困難となり、2017年度以降にずれ込む可能性が出てきた（新潟日報、2015年12月11日）。

日本海横断航路が開通すれば、従来の大連港を経由した輸送ルートに比べて輸送時間を大幅に短縮でき、併せてコストの縮減も実現できる。たとえば2010年の新潟県輸送会社の実験結果から、現在の物流ルートである「長春→大連港→新潟」では輸送までの時間が9日間かかるのに対し、新たなルート「長春→ザルビノ→新潟」だと5日間の日数に短縮される。また、日本海横断航路の運賃と荷主への支援もみられており、大連港利用と比べて競争力のある運賃が設定されている。たとえば、吉林省琿春市と新潟港との間の1TEU当

たりの運賃では大連港利用と陸送費を合わせて13万円から15万円程度かかるが，ザルビノ経由では10万円程度，さらに輸出または輸入を行う荷主に対しての県内荷主には2万円，県外荷主には4万円（1TEU当たり）の支援を実施するなど物流コストの縮減につながるような支援策が実施されている。2016年7月現在のザルビノ・琿春航路は不定期で運行している（新潟県交通政策局港湾振興課HPより）が定期運航となった場合には，輸送時間短縮などのメリットがあり日中露の貿易ルートの拡大や北東アジアの発展に大きく寄与するものと考えられる。

4.3　経済データからみる図們江地域

　本節ではいくつかの公式統計データと貿易データ（HS分類2桁）を使って東北地域とGTI関連諸国との経済関係について検証する。

4.3.1　経済指標でみる東北地域

　図表4-4は2009年から2012年までの地域別・企業形態別経済指標の4カ年平均値である。まず，平均賃金からみてみよう。東北地域の平均賃金は3万4097元で全国平均の3万8690元より低く，主要沿海地域平均の4万6843元より1万元以上の差がある。また，一定規模以上（営業収入2000万元以上）の工業企業においても，その総資産，営業収入，輸出額などでは全国平均を下回り，主要沿海地域と比べて大きな差がある。しかし，国有企業に関しては主要沿海地域よりは低い水準ではあるものの，その総資産，営業収入，輸出額などは全国平均より高い。特に営業利益率に関しては，東北地域のほうが平均10％と，主要沿海地域の6.1％より高い水準であり，このことは企業件数が少ない分，競合ライバルも少ないことが影響していると考えられる。

　次に，国有企業の地域別の輸出額をみてみよう。東北地域のなかで遼寧省（1116億元）を除くと，吉林省（69億元），黒龍江省（121億元），内モンゴル（85億元）の輸出額は，主要沿海地域（平均731億元）より遥かに低く，全国平均（251億元）の半分にも及んでいない。この傾向は国有企業に限らず，私

4.3 経済データからみる図們江地域

図表 4-4　東北地域，主要沿海地域の企業形態別経済指標（4カ年平均）

4年間平均 (2009-2012) ※営業収入と営業利益率は (2008～2011)		全国	東北地域					主要沿海地域					
		平均	平均	遼寧	吉林	黒龍江	内モンゴル	平均	山東	上海	江蘇	浙江	広東
平均賃金（元）	平均賃金	38,690	34,097	36,243	31,741	30,062	38,343	46,843	35,560	69,679	42,779	43,138	43,060
	製造業	33,548	32,598	34,067	33,298	29,661	33,365	37,678	30,151	56,340	35,084	32,732	34,085
	私営（製造業）	21,109	19,910	21,030	17,025	17,931	23,656	24,166	23,017	23,623	25,521	24,475	24,197
	国有	42,119	35,384	37,622	32,679	30,629	40,607	57,583	41,036	77,446	52,577	65,151	51,707
	外資	39,060	37,363	37,380	45,397	28,990	37,684	43,603	32,152	69,641	39,385	35,741	41,097
	港・澳・台	32,892	33,242	34,035	24,971	41,123	32,840	35,929	30,361	50,214	32,253	34,856	31,959
工業企業	一定規模以上（営業収入2000万以上の企業） 件数	12,553	8,613	20,364	5,640	4,073	4,374	40,435	40,748	13,581	53,545	48,882	45,418
	総資産（億元）	20,410	17,256	30,152	11,129	11,118	16,626	53,503	57,935	28,192	70,136	48,338	62,916
	主要営業収入（億元）	20,824	16,590	32,784	11,801	9,324	12,453	63,123	79,072	29,466	84,079	46,350	76,647
	営業利益率	7.3%	10.3%	5.8%	6.9%	14.0%	14.3%	6.3%	7.1%	5.6%	6.9%	5.3%	6.6%
	輸出額（億元）	2,775	844	2,753	230	185	210	13,299	6,401	7,859	17,657	9,999	24,578
	国有企業 件数	610	539	750	379	477	549	953	1,196	928	832	674	1,137
	総資産（億元）	8,526	9,397	14,916	6,140	7,493	9,039	13,148	18,410	13,115	12,114	7,021	15,082
	主要営業収入（億元）	5,826	6,654	11,123	5,331	5,797	4,366	11,160	16,103	11,581	9,402	6,472	12,240
	営業利益率	6.9%	10.0%	1.6%	7.1%	17.6%	13.8%	6.1%	7.0%	6.6%	5.5%	4.3%	7.2%
	輸出額（億元）	251	348	1,116	69	121	85	731	568	1,046	579	259	1,205
	私営企業 件数	7,252	5,132	13,470	3,118	1,960	1,979	23,866	25,897	6,069	35,056	33,789	18,522
	総資産（億元）	3,938	2,928	6,785	1,697	1,106	2,125	12,340	12,830	2,870	18,927	18,859	8,214
	主要営業収入（億元）	5,994	4,825	12,023	2,854	1,427	2,996	18,491	27,554	3,187	28,647	19,414	13,655
	営業利益率	7.5%	9.1%	7.9%	6.6%	8.6%	13.3%	5.9%	7.4%	4.6%	6.3%	4.8%	6.4%
	輸出額（億元）	377	93	293	36	16	28	1,800	1,038	263	2,037	4,105	1,560
	外資企業 件数	2,125	833	2,501	362	264	204	9,481	5,132	5,388	12,326	7,908	16,653
	総資産（億元）	4,898	2,620	5,948	1,772	1,194	1,565	19,375	9,698	13,925	28,915	12,799	31,539
	主要営業収入（億元）	5,661	2,714	6,288	2,552	872	1,142	23,649	13,297	17,819	33,869	12,143	41,116
	営業利益率	7.3%	10.5%	7.3%	12.7%	7.8%	14.2%	6.6%	6.9%	5.5%	7.7%	6.2%	6.8%
	輸出額（億元）	1,922	406	1,436	103	38	49	9,658	3,440	6,699	14,302	4,253	19,594

出典：中国国家統計局（http://data.stats.gov.cn/）をもとに作成。

営企業と外資企業においても同じである。また，一定規模以上の工業企業をみても全国平均（2775元）が東北地域平均（844億元）の約3.3倍，主要沿海地域平均は（1万3299億元）は約16倍と，東北地域の輸出額はその他地域と比べて非常に少ないことがわかる。東北地域の中で遼寧省が突出しているのは，大連港，丹東港，営口港などを保有していることで工業企業の輸出額が最も大きいとみられ，このことは，北朝鮮や，ロシア，モンゴルと接する内陸地域である黒龍江省，吉林省，内モンゴルの場合は保有港がないことから対外貿易においても深刻な影響を与えていることを示している。

4.3.2 貿易データからみる東北地域

ここでは，まず国・省レベルでの貿易位置を確認し，東北地域とGTI関連諸国との競合・補完関係を貿易特化係数の関連から整理して産業別の分析結果を示す。使用されるデータは主に韓国貿易協会（KITA.ORG）が提供している省レベルの国別輸出入統計（HS2桁）で，資料源は中国税関総署となる[5]。中国の東北地域とGTI関連諸国との貿易の特徴を具体的に把握・整理するために，いくつかの貿易指標を用いて国別・省別・産業別に分析を行うこととする。

まず，中国全体の貿易をみてみよう。図表4-5は中国の貿易総額に占める主要国・地域の割合である。中国の最大の輸出国・地域は2008年から2012年まではアメリカ，香港，日本，韓国，ドイツなどの順であったが，2013年には香港がアメリカを抜いて1位に変わっている。これらの国・地域は輸出の5割近くを占めており，輸入においても3割以上を占めていが，これら上位国・地域が輸入に占める割合は36.51％（2008）から31.93％（2013）へと5ポイント

図表4-5　中国の貿易総額に占める主要国・地域の割合（単位：％）

No	2013年輸出上位	輸出						輸入					
		2008年	2009年	2010年	2011年	2012年	2013年	2008年	2009年	2010年	2011年	2012年	2013年
	貿易額（百万ドル）	1,428,869	1,202,047	1,578,444	1,899,314	2,050,109	2,210,772	1,131,469	1,003,893	1,393,909	1,741,624	1,817,344	1,941,466
1	香港	13.35	13.82	13.82	14.08	15.75	17.64	1.14	0.82	0.68	0.60	0.60	2.24
2	アメリカ	17.66	18.36	17.94	17.07	17.16	16.57	7.20	7.71	7.27	6.78	7.03	7.43
3	日本	8.13	8.09	7.62	7.75	7.39	6.72	13.31	13.02	12.65	11.16	9.78	8.19
4	韓国	5.17	4.46	4.36	4.37	4.28	4.10	9.91	10.17	9.90	9.28	9.17	9.24
5	ドイツ	4.14	4.15	4.31	4.02	3.37	3.03	4.94	5.57	5.34	5.33	5.06	4.83
	上位国・地域小計	48.46	48.88	48.06	47.30	47.95	48.07	36.51	37.30	35.84	33.15	31.64	31.93
	上位国（香港除く）	35.10	35.06	34.23	33.22	32.20	30.43	35.37	36.48	35.15	32.55	31.04	29.69
8	ロシア連邦	2.31	1.46	1.87	2.05	2.15	2.24	2.10	2.10	1.85	2.24	2.42	2.03
56	北朝鮮	0.14	0.10	0.14	0.17	0.17	0.16	0.07	0.05	0.09	0.14	0.14	0.15
78	モンゴル	0.06	0.09	0.09	0.14	0.13	0.11	0.14	0.13	0.18	0.21	0.22	0.18
	GTI関連諸国小計	15.82	14.19	14.09	14.48	14.11	13.34	25.53	25.48	24.67	23.04	21.72	19.79

出典：韓国貿易協会（http://www.kita.net/）のデータに基づいて作成。

5　韓国貿易協会（http://www.kita.net/）。

近く減少している。香港を除くと、日本はアメリカに次ぐ第二位の輸出先国で、最大の輸入相手国でもある（2013年には韓国が1位）。東北地域と隣接しているモンゴル（66位）、ロシア（9位）、北朝鮮（59位）との貿易はその順位は高くないものの、中国貿易全体に占める割合では上昇傾向にある。GTI関連諸国との貿易では輸出では15.82％（2008）から13.34％（2013）、輸入では同時期において25.53％から19.79％へと減少した。

次は東北地域の省レベルの貿易をみてみよう。図表4-6は、東北地域と

図表4-6 東北地域とGTI関連国との貿易

国・地域		輸出						輸入					
		2008年	2009年	2010年	2011年	2012年	2013年	2008年	2009年	2010年	2011年	2012年	2013年
世界（百万ドル）	内モンゴル	4598.9	3840.4	4358.7	6050.9	5394.3	5254.7	5856.1	5563.9	7219.2	8778.4	8584.7	9162.2
	黒竜江	9297.5	6343.3	8507.8	9243.5	9910.7	12234.3	11127.6	6998.6	9788.3	15822.6	18295.5	15143.9
	吉林	4919.6	3346.6	4471.1	5394.6	5981.5	5707.2	8690.5	8506.2	12434.8	17593.0	18455.4	19460.2
	遼寧	42204.8	32271.2	42557.0	50595.9	52196.1	52918.8	40107.3	36907.1	52147.4	61715.5	65384.7	66792.9
GTI関連国（合計に占める割合）	内モンゴル	37.7%	47.9%	39.2%	45.5%	39.9%	40.1%	67.3%	61.1%	63.0%	63.8%	60.5%	64.7%
	黒龍江省	53.9%	47.8%	53.6%	53.1%	57.3%	62.1%	80.5%	74.8%	82.1%	87.2%	88.2%	83.5%
	吉林省	43.5%	42.1%	39.1%	39.5%	37.2%	36.9%	26.5%	28.9%	23.6%	19.9%	15.4%	15.8%
	遼寧省	39.2%	36.5%	36.0%	35.4%	34.9%	33.5%	23.5%	23.3%	21.6%	20.7%	18.7%	21.0%
モンゴル	内モンゴル	5.4%	14.3%	12.4%	17.7%	20.8%	21.3%	13.7%	14.8%	24.7%	31.3%	29.9%	27.9%
	黒竜江	0.5%	1.2%	1.8%	1.1%	1.4%	0.7%	0.0%	0.0%	0.0%	0.4%	1.9%	1.8%
	吉林	0.1%	0.1%	0.1%	0.1%	0.1%	0.1%	0.1%	0.1%	0.0%	0.0%	0.0%	0.0%
	遼寧	0.1%	0.0%	0.1%	0.1%	0.2%	0.2%	0.1%	0.2%	0.0%	0.0%	0.0%	0.0%
ロシア	内モンゴル	4.3%	2.3%	2.2%	3.0%	2.6%	1.5%	49.7%	41.9%	35.4%	30.9%	28.9%	27.1%
	黒竜江	39.4%	32.8%	37.7%	33.9%	40.7%	50.7%	76.7%	68.9%	78.0%	84.2%	84.7%	79.9%
	吉林	13.5%	13.7%	11.1%	11.3%	11.9%	9.5%	18.9%	21.0%	0.6%	0.9%	1.3%	0.6%
	遼寧	2.2%	1.6%	1.8%	2.0%	2.1%	2.1%	2.4%	2.4%	2.8%	2.0%	2.3%	2.4%
北朝鮮	内モンゴル	0.1%	0.1%	0.3%	0.1%	0.0%	0.3%	0.0%	0.0%	0.0%	0.0%	0.0%	0.0%
	黒竜江	5.4%	3.2%	4.4%	6.2%	6.4%	5.1%	0.0%	0.0%	0.0%	0.0%	0.0%	0.0%
	吉林	8.6%	7.6%	5.6%	7.3%	7.0%	9.2%	2.2%	0.7%	1.4%	1.6%	1.4%	1.7%
	遼寧	1.5%	1.4%	2.3%	2.4%	2.5%	2.7%	0.9%	0.7%	0.9%	1.5%	1.5%	1.7%
韓国	内モンゴル	11.4%	16.3%	10.1%	9.8%	7.0%	9.5%	0.6%	0.7%	0.3%	0.3%	0.2%	3.5%
	黒竜江	4.9%	6.3%	5.9%	7.8%	5.7%	3.4%	1.2%	1.8%	1.1%	0.5%	0.4%	0.4%
	吉林	9.1%	8.0%	10.8%	9.7%	7.0%	6.9%	3.1%	4.9%	1.8%	1.5%	1.7%	1.9%
	遼寧	13.5%	10.5%	9.7%	10.1%	10.9%	10.3%	7.4%	7.5%	6.2%	6.4%	5.9%	7.6%
日本	内モンゴル	16.6%	14.8%	14.2%	14.9%	9.4%	7.5%	3.2%	3.8%	2.6%	1.4%	1.4%	6.1%
	黒竜江	3.7%	4.2%	3.8%	4.1%	3.1%	2.2%	2.7%	4.1%	2.9%	2.1%	1.2%	1.3%
	吉林	12.2%	12.8%	11.5%	11.2%	11.2%	11.2%	2.2%	2.2%	19.9%	15.9%	11.0%	11.5%
	遼寧	21.9%	23.1%	22.2%	20.9%	19.2%	18.2%	12.7%	12.6%	11.7%	10.8%	9.0%	9.3%

出典：韓国貿易協会（http://www.kita.net/）のデータに基づいて作成。

GTI関連諸国との貿易を示したものである。東北地域は，地理的特性上からその他地域と比べてGTI関連諸国との貿易が密接に行われていた。この表が示すように，黒龍江省による輸出の5割以上がGTI関連諸国であり，その他東北地域も3割以上を占めている。輸入においては黒龍江省の8割以上，内モンゴルの6割以上がGTI関連諸国だった。吉林省と遼寧省はそれぞれの輸出入において，GTI関連諸国との貿易比重が相対的に低く，遼寧省は，輸出では39.2％（2008）から33.5％（2013），輸入では同期間において23.5％から21％へと縮小した。一方で，黒龍江省の輸入シェアは80.5％から83.5％へと拡大しており，内モンゴルも同期間において6割以上を占めていた。このうち黒龍江省ではロシアからの輸入が76.7％（2008）から79.9％（2013），輸出では同時期の39.4％から50.7％へと増加しており，その他地域と比べて偏った貿易構造を示していた。

　北朝鮮との貿易では，隣接する吉林省が輸出で9.2％（2013），輸入では1.7％（2013）と最も高く，韓国と日本との貿易では吉林省と遼寧省が高い割合を示していた。このことは，遼寧省・吉林省には，韓国・日本からの直接投資が多く入っているからに他ならない。総じていえば，GTI関連諸国とはいえ，東北地域は隣接している地理的「距離」が近い国との貿易が活発に行われおり，年々上昇している傾向にある。

　対世界への貿易総額でも示すように，東北地域の中で唯一港湾を保有している遼寧省と内陸地域である吉林省，黒龍江省，内モンゴルの貿易額には大きな差がある。特に，地理的に北朝鮮と接し，北東アジア多国間協力の最適地としている図們江地域にある吉林省は，海洋へのアクセシビリティには未だに限界を呈しており，輸出でも遼寧省と黒龍江省よりその規模が小さい。しかし，リーマンショックによる2009年の減少を除くと東北地域の貿易額は輸出入ともに着実に伸びている。

4.3.3　貿易特化係数でみる競合・補完関係
（1）貿易特化係数でみる辺境地域と隣接諸国

　ここでは，辺境地域と隣接諸国との競合・補完の関係を貿易特化係数の観点から整理し，業種別に分析する。貿易特化係数は次式によって示される。

$$C_i = (\sum_j x_{ij} - \sum_j M_{ij})/(\sum_j x_{ij} + \sum_j M_{ij})$$

ただし，

C_i は，当該国（中国の省・自治区）のi品目の貿易特化係数

X_{ij} は当該国（中国の省・自治区）i品目のj国（隣接諸国または世界）への輸出額

M_{ij} は当該国（中国の省・自治区）i品目のj国（隣接諸国または世界）からの輸入額

上式の通り，貿易特化係数は，ある品目の輸出（輸入）超過額が当該品目の輸出入合計額に占める比率を示したものである。貿易特化係数は−1〜＋1までの値をとり，競争力をみる指標として使われる。各省・自治区の輸出品目が隣接諸国のそれに対して優位性が高い場合＋1に近づき，逆に隣接国製品の優位性が高い場合は−1に近づく。また，0に近い場合は輸出と輸入が双方に行われていることを意味し，水平分業が行われているとみることができる。ここでは，産業別[6]貿易データを用いて，以下の5つに区分した。中国の東北地域が①「優位な業種」（特化係数が0.6超），②「やや優位な業種」（0.2以上0.6以下），③「優位性が見極めにくい業種」（-0.2以上0.2以下），GTI関連国が④「やや優位な業種」（-0.6以上-0.2以下），⑤「優位な業種」（同-1以上-0.6未満）に区分した。

図表4-7で示されているように，東北地域は，「化学・ゴム」「機械・電機」，「輸送・精密機器」において，対世界との貿易で優位性が見極めにくい，またはそれ以上に優位性が低いのに対し，北朝鮮，ロシア，モンゴルに対して優位な業種がほとんどであり，強い競争力をもっている。しかし，第二隣接国でありながらOECD加盟国である日本，韓国との貿易では，これらの業種は競争力が弱い。特に遼寧省を除いたその他東北地域の競争力は低い水準であることが明らかである。東北地域が競争力をもっているのは労働集約産業である農林水産物と皮革・繊維であり，鉱物・資源はロシアとモンゴルが優位な業種とし

---

6 農林水産物（HS01〜24），鉱物・資源（HS25〜27），化学・ゴム（HS28〜40），皮革・繊維（HS41〜67），鉄鋼・金属（HS68〜92），その他（HS93〜98）と分類合計してから貿易特化係数を計算した。

104　第4章　企業の海外進出戦略と立地優位性の追求

図表4-7　対GTI関連国への東北地域別・産業別・貿易特化係数

国・地域	産業	農林水産物			皮革・繊維			鉱物・資源			鉄鋼・金属			化学・ゴム			機械・電機			輸送・精密機器		
	地域・年	2009	2010	2011	2009	2010	2011	2009	2010	2011	2009	2010	2011	2009	2010	2011	2009	2010	2011	2009	2010	2011
世界	内モンゴル	0.80	0.55	0.46	-0.28	-0.41	-0.37	-0.33	-0.70	-0.81	0.58	0.79	0.90	0.17	0.23	0.50	-0.86	-0.74	-0.56	-0.12	0.29	0.38
	黒竜江	0.82	0.78	0.79	0.45	0.54	0.36	-0.81	-0.85	-0.89	-0.15	0.38	0.54	-0.20	-0.38	-0.20	0.08	0.28	0.34	-0.00	0.06	0.29
	吉林	0.51	0.41	0.37	0.73	0.76	0.68	-0.93	-0.94	-0.93	-0.69	-0.58	-0.63	-0.00	-0.00	0.08	-0.75	-0.74	-0.73	-0.86	-0.78	-0.79
	遼寧	-0.00	-0.13	-0.10	0.58	0.55	0.49	-0.64	-0.69	-0.68	0.28	0.49	0.50	-0.07	-0.10	-0.15	0.04	0.06	0.05	0.32	0.31	0.31
モンゴル	内モンゴル	0.36	-0.03	0.34	0.96	0.83	0.78	-0.99	-0.99	-0.99	0.90	0.68	0.91	0.66	1.00	0.92	1.00	1.00	1.00	1.00	1.00	1.00
	黒竜江		1.00	1.00	1.00	1.00	1.00	1.00	-1.00	-1.00	1.00	1.00	1.00	1.00	0.65	-0.97	1.00	1.00	1.00	1.00	1.00	1.00
	吉林	1.00		-0.61				1.00							-1.00								1.00
	遼寧	1.00	1.00	1.00	-1.00	-1.00	-0.64	-1.00	-1.00	-1.00	1.00	1.00	1.00	1.00	0.50	0.86	1.00	1.00	1.00	1.00	1.00	1.00
ロシア	内モンゴル	0.82	0.95	0.97	-0.95	-0.98	-0.96	-1.00	-1.00	-1.00	-0.27	0.15	0.33	-0.94	-0.95	-0.91	-0.13	0.03	-0.62	-0.97	0.62	0.96
	黒竜江	0.94	0.95	0.96	0.28	0.46	0.31	-1.00	-1.00	-1.00	0.20	0.35	0.57	-0.72	-0.85	-0.81	0.70	0.84	0.84	0.89	0.52	0.75
	吉林	-0.54	-0.10	0.11	0.94	0.88	0.85	-0.90	-0.93	-0.97	0.86	0.96	0.97	0.99	1.00	0.99	0.79	0.96	1.00	0.95	0.98	0.99
	遼寧	-0.62	-0.64	-0.59	-0.07	0.09	0.27	-0.87	-0.94	-0.84	0.68	0.93	0.98	-0.11	0.35	0.08	0.80	0.90	0.51	0.92	0.94	0.92
北朝鮮	内モンゴル	1.00	1.00	1.00	1.00	1.00	1.00	1.00	0.98	1.00	1.00	1.00	1.00	1.00	0.38	0.74	1.00	1.00	1.00	1.00	1.00	1.00
	黒竜江	1.00	1.00	0.91	1.00	1.00	1.00	-0.70	-0.86	-0.81	-0.05	-0.10	-0.17	0.82	0.38	0.81	1.00	1.00	1.00	1.00	1.00	1.00
	吉林	0.49	0.17	0.25	0.89	0.65	0.45	-0.53	-0.29	-0.53	-0.10	-0.42	0.07	0.82	0.81	0.81	0.87	0.81	0.79	0.95	1.00	1.00
	遼寧	0.64	0.65	0.61	0.17	0.01	-0.22	1.00	1.00	1.00	0.20	0.19	1.00	0.71	0.77	0.86	1.00	1.00	1.00	1.00	1.00	1.00
韓国	内モンゴル	1.00	1.00	1.00	0.99	0.98	0.99	1.00	0.07	0.99	0.94	0.97	1.00	0.44	0.49	0.52	-1.00	-0.98	-0.94	-0.15	-0.48	0.09
	黒竜江	1.00	0.99	1.00	0.73	0.85	0.94	0.07	0.45	0.70	-0.31	0.22	0.71	0.40	0.70	0.85	0.33	-0.01	-0.11	-0.57	-0.60	0.02
	吉林	0.93	0.95	0.95	0.58	0.59	0.53	-0.30	0.81	0.39	-0.42	-0.46	-0.36	-0.19	-0.14	-0.09	0.18	0.12	0.20	-0.15	-0.09	-0.08
	遼寧	0.76	0.75	0.78	0.36	0.37	0.43	0.24	0.49	0.46	0.31	0.41	0.36	-0.35	-0.35	-0.36	-0.13	-0.23	-0.22	-0.17	-0.08	-0.08
日本	内モンゴル	0.99	1.00	0.99	1.00	1.00	0.99	0.89	1.00	1.00	0.89	0.82	0.80	0.42	0.59	0.82	-0.98	-0.95	-0.86	-0.02	-0.07	0.08
	黒竜江	0.98	0.97	0.99	0.99	0.98	1.00	1.00	0.96	0.99	-0.91	-0.88	-0.50	0.49	0.67	0.64	-0.90	-0.86	-0.86	-0.88	-0.86	-0.81
	吉林	0.93	0.94	0.98	0.73	0.73	0.79	-0.66	-0.90	-0.71	-0.83	-0.72	-0.78	0.11	0.10	0.05	-0.89	-0.91	-0.90	-0.91	-0.93	-0.94
	遼寧	0.83	0.78	0.90	0.67	0.65	0.65	0.69	0.79	0.93	-0.12	-0.03	0.13	-0.30	-0.33	-0.32	0.07	0.12	0.09	0.24	-0.00	-0.30

注：東北地域に競争力あり → 0.6超：有意な業種、0.2～0.6：やや優位な業種、
・中国の東北地域が ▲0.2以上0.2以下：有意性が見極めにくい業種
　　　　　　　　　　相手国に競争力あり
・東北地域またはGTI関連諸国が → ▲0.6以上▲0.2以下：やや優位な業種、同▲1以上▲0.6未満：優位な業種。
・GTI関連諸国が
出典：韓国貿易協会（http://www.kita.net/）のデータに基づいて作成。

て目立った。

　他方，東北地域の優位性が見極めにくい業種とやや優位な業種とGTI関連国のやや優位な業種は，HS2桁の同一カテゴリに属する製品が相互に輸出入されていることを示している。たとえば，吉林省と韓国・日本，遼寧省とロシアは化学・ゴム，遼寧省・吉林省・黒龍江省と韓国，そして遼寧省と日本は機械・電機，輸送・精密機器を中心に産業内分業が行われているとみられ，この現象は東北地域から対世界，またはGTI関連国とは異なっていた。このことは，東北地域とGTI関連国との貿易においてそれぞれ競合・補完関係にあることが，これらの貿易データによって裏付けられた。

　次は，東北地域とGTI関連諸国との産業別・貿易特化係数の変化からこれら地域における競合関係の変化について考察してみる。図表4-8は，1999年

図表4-8　対GTI関連諸国への東北地域別・産業別・貿特化係数の変化（1999-2011）

産業	国・地域	競争力	競合関係（水平貿易）
機械・電機	日本、韓国	内モンゴル、黒龍江省、吉林省	日本⇔遼寧省
		↓（対下記国には競争力あり）	韓国⇔吉林省、遼寧省
		モンゴル、ロシア、北朝鮮	（「競争力あり」から競合関係へと変化）
輸送・精密機器	日本、韓国	内モンゴル、黒龍江省、吉林省	日本⇔遼寧省
		↓（対下記国には競争力あり）	韓国⇔遼寧省と吉林省
		モンゴル、ロシア、北朝鮮	（「競争力あり」から競合関係へと変化）
化学・ゴム	内モンゴル、黒龍江省	日本、韓国→黒龍江省	日本⇔吉林省、遼寧省
			韓国⇔吉林省、遼寧省
			（「競争力あり」から競合関係へと変化）
鉄鋼・金属	日本→黒龍江省	韓国→遼寧省	日本⇔遼寧省
	内モンゴル→日本・韓国	ロシア→内モンゴル	
農林水産物	東北地域	日本、韓国	
皮革・繊維	遼寧省→韓国	日本、韓国	遼寧省⇔韓国
	内モンゴル、黒龍江省、吉林省→日本、韓国		（競合関係から遼寧省が「競争力あり」へと変化）
鉱物・資源	モンゴル、ロシア、北朝鮮	日本、韓国→内モンゴル、黒龍江省、遼寧省	

出典：韓国貿易協会（http://www.kita.net/）のデータによる分析をもとに作成。

から2011年までの貿易特化係数から，これら国・地域における産業別の競争力変化について整理したものである。この表で示しているように，日本と韓国のほうが機械・電機と輸送・精密機器といった先端技術産業において，それぞれ遼寧省と吉林省に対して競争力をもっていたが，時間の経過とともに競合関係へと変化しており，水平貿易が行われていることが明らかになった。また，化学・ゴムにおいても日本と韓国は東北地域と競合関係へと変化していることが確認された。一方で，労働集約型の皮革・繊維に関しては遼寧省が韓国に対して，競合関係から「競争力あり」へと変化しており，鉱物・資源関連は依然としてモンゴル，ロシア，北朝鮮のほうが東北地域に対して競争力をもっていることが明らかとなった。

(2) 輸出入上位6業種

この小節では，内モンゴルとモンゴル，黒龍江省とロシア，吉林省とGTI関連諸国との輸出入上位6業種（HS2桁）を確認し，これらの商品のすべてが当該地域で生産し輸出されているのか，そして輸入される商品のすべてが当該地域で消費されているかを，省レベルのデータを用いて分析を行う。

まず，黒龍江省と内モンゴルのそれぞれ隣接しているロシアとモンゴルへの輸出入上位6業種をみてみよう。図表4-9が示すように，黒龍江省からロシアへの輸出では皮革・繊維が7割以上を占めており，農林水産物は4.3%（2011）に過ぎず，輸入においては鉱物・資源が8割以上を占めている。次いで皮革・繊維と化学・ゴムである。しかし，これらの輸入に占める割合は10%前後と少ない。また，内モンゴルと隣接しているモンゴルとの上位6業種をみると，輸出では皮革・繊維，機械・電機，鉄鋼・金属が77.1%（2011）を占めており，この中でも皮革・繊維が半数以上を占めている。また，輸入では鉱物・資源が約97%（2011）を占めており，皮革・繊維と農林水産物はそれぞれ2%と0.4%（2011）と極めて少ない。このことは，貿易特化係数の結果からも明らかなように，モンゴルとロシアからは鉱物・資源の輸入がほとんどであり，輸出では皮革・繊維を中心に行われていることが確認できる。また，貿易特化係数では機械・電機，輸送・精密機器がロシアに対して強い競争力をもっているとみられていたが，輸出上位6業種には入っていないことから実際の取引額は

4.3 経済データからみる図們江地域　107

図表 4-9　黒龍江省と内モンゴルの輸出入上位 6 業種

黒龍江省からロシアへの輸出		2010 年	2011 年	ロシアから黒龍江省への輸入		2010 年	2011 年
業種	HS2 桁分類 合計（千ドル）	3,208,645	3,135,113	業種	HS2 桁分類 合計（千ドル）	7,639,289	13,322,173
皮革・繊維	メリヤス編み等に限る	18.1%	20.9%	鉱物・資源	鉱物性燃料等	70.2%	78.5%
皮革・繊維	履物等	25.3%	20.3%	皮革・繊維	木材及びその製品並びに木炭	9.9%	7.3%
皮革・繊維	衣類等	14.0%	11.8%	鉱物・資源	鉱石、スラグ及び灰	5.0%	6.9%
皮革・繊維	革製品等	9.3%	8.2%	化学・ゴム	肥料	6.8%	2.7%
皮革・繊維	紡織用繊維のその他の製品等	4.2%	6.1%	皮革・繊維	木材パルプ等	1.3%	1.3%
農林水産物	食用の野菜、根及び塊茎	3.1%	4.3%	化学・ゴム	有機化学品	1.9%	1.0%
	合計	74.0%	71.6%		合計	95.2%	97.8%
内モンゴルからモンゴルへの輸出		2010 年	2011 年	モンゴルから内モンゴルへの輸入		2010 年	2011 年
業種	HS2 桁分類 合計（千ドル）	540,503	1,068,767	業種	HS2 桁分類 合計（千ドル）	1,783,082	2,743,813
皮革・繊維	衣類及び衣類附属品	21.5%	28.6%	鉱物・資源	鉱物性燃料等	63.8%	62.0%
機械・電機	鉄道用等	27.1%	22.8%	鉱物・資源	鉱石、スラグ及び灰	32.8%	35.4%
皮革・繊維	紡織用繊維等	4.4%	8.0%	皮革・繊維	羊毛、繊獣毛、粗獣毛等	2.3%	1.5%
機械・電機	原子炉等	6.3%	6.2%	皮革・繊維	原皮(毛皮を除く)及び革	0.6%	0.5%
鉄鋼・金属	鉄鋼	4.0%	5.8%	農林水産物	肉及び食用のくず肉	0.2%	0.2%
鉄鋼・金属	鉄鋼製品	4.3%	5.7%	農林水産物	採油用の種等	0.0%	0.2%
	合計	67.6%	77.1%		合計	99.7%	99.7%

出典：韓国貿易協会（http://www.kita.net/）のデータに基づいて作成。

少ないと考えられる。

　次に，東北振興のサブカテゴリとして国内開発と対外開放を連結する中心軸である吉林省の対 GTI 関連諸国への輸出入上位業種をみてみよう。図表 4-10 は，吉林省の対 GTI 関連諸国との輸出入上位 6 業種を示したものである。この表で示されているように，対モンゴルへの輸出入では，その貿易額は少ないものの，輸出では機械・電機が約 8 割，農林水産物が約 1 割を占めている。特に，上位の機械・電機の中でも鉄道用以外の車両並びにその部分品および付属品が 80.4％（2012）を占めていた。輸入では，農林水産物と化学・ゴムがほとんどで，その中でも農林水産物の割合が圧倒的に高い。対ロシアへの輸出入上位業種をみると，黒龍江省とロシアの貿易の特徴でも見られたように，輸出では皮革・繊維が上位を占め，続いて機械・電機が多く，輸入では鉱物・資源が 7 割近く（2011）を示していた。この他に農林水産物の輸入が目立っている。対北朝鮮への輸出では農林水産物，皮革・繊維，機械・電機が上位を占めており，輸出全体の 4 割前後を占めている。吉林省の全体では，北朝鮮との貿易において遼寧省に比べて低いのは，遼寧省の中朝国境都市である丹東で中朝貿易の 7 割以上が行われるなど，北朝鮮との交易ルートに制限があるためである。輸入では，農林水産物，鉱物・資源，鉄鋼・金属などの資源関連が全体の 9 割近くを占めている。

　第二隣接国である韓国・日本との輸出入上位業種では図表 4-10 で示しているようにモンゴル，ロシア，北朝鮮とは異なる傾向を見せている。たとえば，韓国への輸出上位業種は機械・電機が 16.2％（2012），労働集約産業である農林水産物と皮革・繊維が 46.6％（2012）を占めており，輸入では鉄鋼・金属，機械・電機，化学・ゴムが 8 割近くを占めている。また，日本への輸出では農林水産物と皮革・繊維が上位 6 業種となっており，輸入では機械・電機，鉄鋼・金属が上位を占め，輸入の 91.7％（2012）を占めている。このことは，貿易特化係数の図表 4-7 からも明らかとなったように，韓国・日本といった先進国は機械・電機などといった先端産業の優位性が高く，吉林省は労働集約産業である農林水産物，皮革・繊維などにおいて優位性が高いことがこれらのデータから再び読み取れる。

4.3 経済データからみる図們江地域　109

図表 4-10　吉林省の対周辺諸国への輸出入上位 6 業種

北朝鮮への輸出		2011	2012	北朝鮮からの輸入		2011	2012
業種	HS2 桁分類　合計（千ドル）	392,886	419,617	業種	HS2 桁分類　合計（千ドル）	275,706	259,025
農林水産物	穀物	14.3%	8.0%	農林水産物	魚等	19.3%	32.9%
皮革・繊維	衣類及び衣類附属品等	9.2%	7.3%	鉱物・資源	鉱石、スラグ及び灰	39.4%	28.9%
農林水産物	たばこ及び製造たばこ代用品	5.5%	6.7%	鉄鋼・金属	鉄鋼	11.0%	11.5%
機械・電機	原子炉、ボイラー等	6.3%	6.3%	皮革・繊維	メリヤス編み等に限る	8.3%	7.4%
皮革・繊維	履物及びゲードル等	4.6%	5.3%	農林水産物	食用の果実等	8.0%	5.4%
機械・電機	鉄道用及び軌道用以外の車両等	5.3%	5.2%	鉄鋼・金属	銅及びその製品	1.6%	3.3%
	上位 6 業種の割合	45.2%	38.8%		上位 6 業種の割合	87.6%	89.5%
ロシアへの輸出		2011	2012	ロシアからの輸入		2011	2012
業種	HS2 桁分類　合計（千ドル）	607,192	712,934	業種	HS2 桁分類　合計（千ドル）	159,490	231,775
皮革・繊維	メリヤス編み等に限る	32.2%	22.4%	鉱物・資源	鉱石、スラグ等	60.9%	42.3%
皮革・繊維	メリヤス編み等を除く	19.3%	20.4%	皮革・繊維	木材等	19.9%	21.7%
機械・電機	鉄道用及び軌道用以外の車両等	13.2%	19.3%	農林水産物	食用果実など	1.2%	17.6%
皮革・繊維	紡織用繊維のその他の製品等	10.7%	9.4%	農林水産物	魚等	10.5%	12.1%
機械・電機	電気機器及びその部分品等	3.5%	4.1%	鉱物・資源	塩、硫黄、土石類等	6.7%	4.1%
化学・ゴム	有機化学品	2.2%	3.8%	化学・ゴム	肥料		0.8%
	上位 6 業種の割合	81.1%	79.5%		上位 6 業種の割合	99.1%	98.8%
モンゴルへの輸出		2011	2012	モンゴルからの輸入		2011	2012
業種	HS2 桁分類　合計（千ドル）	3828	5124	業種	HS2 桁分類　合計（千ドル）	3426	6116
機械・電機	鉄道用及び軌道用以外の車両等	34.6%	80.4%	農林水産物	食用の果実等	95.1%	67.9%
農林水産物	穀物	18.3%	9.7%	化学・ゴム	プラスチック及びその製品	4.9%	32.1%
機械・電機	原子炉、ボイラー等	29.2%	5.7%				
化学・ゴム	医療用品		1.5%				
皮革・繊維	木材等		1.1%				
鉄鋼・金属	鉄鋼製品	0.0%	0.4%				
	上位 6 業種の割合	82.1%	98.8%		上位 6 業種の割合	100.0%	100.0%
韓国への輸出		2011	2012	韓国からの輸入		2011	2012
業種	HS2 桁分類　合計（千ドル）	524,098	420,508	業種	HS2 桁分類　合計（千ドル）	266,318	310,423
機械・電機	電気機器等	13.9%	16.2%	鉄鋼・金属	鉄鋼	28.3%	21.1%
農林水産物	採油用の種及び果実等	8.7%	13.1%	機械・電機	原子炉、ボイラー等	7.5%	17.6%
農林水産物	魚等	10.7%	11.2%	化学・ゴム	プラスチック及びその製品	17.4%	16.3%
農林水産物	食用の野菜、根及び塊茎	7.4%	9.3%	機械・電機	電気機器等	12.6%	14.6%
農林水産物	調製飼料等	6.4%	8.5%	機械・電機	光学機器等	7.0%	5.4%
皮革・繊維	メリヤス編み等に限る	3.4%	4.5%	化学・ゴム	有機化学品	0.4%	3.9%
	上位 6 業種の割合	50.6%	62.9%		上位 6 業種の割合	73.2%	78.8%
日本への輸出		2011	2012	日本からの輸入		2011	2012
業種	HS2 桁分類　合計（千ドル）	605,224	667,926	業種	HS2 桁分類　合計（千ドル）	2,788,987	2,032,257
農林水産物	食品工業で生ずる残留物等	7.2%	11.3%	機械・電機	鉄道用及び軌道用以外の車両等	48.8%	49.4%
皮革・繊維	木材及びその製品並びに木炭	11.6%	11.1%	機械・電機	原子炉、ボイラー等	25.1%	24.0%
農林水産物	食用の野菜、根及び塊茎	14.4%	10.0%	機械・電機	電気機器等	8.7%	8.0%
農林水産物	肉、魚等	8.7%	9.8%	機械・電機	光学機器等	6.6%	7.9%
農林水産物	採油用の種及び果実等	4.7%	9.5%	鉄鋼・金属	鉄鋼製品	2.0%	2.4%
皮革・繊維	メリヤス編み等を除く	8.3%	7.2%	その他	家具、寝具等	2.0%	1.0%
	上位 6 業種の割合	55.0%	58.8%		上位 6 業種の割合	93.1%	92.7%

出典：韓国貿易協会（http://www.kita.net/）のデータに基づいて作成。

(3) 貿易中継地としての役割

最後に，東北地域で輸出される製品のすべてが，当該地域で生産され，輸入される製品も当該地域で消費されているかを確認すべく，省レベルの貿易データを用いた分析を試みた。ここでは，中国国家統計局に二種類の貿易データがあることに注目し，図表4-11のような貿易中継地としての東北地域のイメージ図を作成した。二種類の貿易データというのは，その地域（省・自治区）における輸出・輸入額と当該地域の地場輸出額，または最終消費財輸入額であり，このデータを用いて計算することによって東北地域の貿易中継額が分かる。

要するに，図表4-11の式のように，1) 当該地域（東北地域または主要沿海地域）の総輸入額から当該地域最終消費財輸入額（消費拠点）を引いたものがその他地域（中国のその他地域）への調達輸入額となり，2) 当該地域（東北地域または主要沿海地域）の総輸出額から当該地域の地場輸出額（製造拠点）を引いたのがその他地域（中国のその他地域）からの調達輸出額となる。この式の結果に基づいて作成したのが図表4-12と図表4-13である。

図表4-12から読み取れるのは，東北地域は輸出において2005年頃からその他地域からの調達額が拡大しており，輸入される製品も2000年以降に入ってからその他地域への調達額が増えており，2008年のリーマンショックにより

図表4-11　貿易中継地としての東北地域のイメージ図

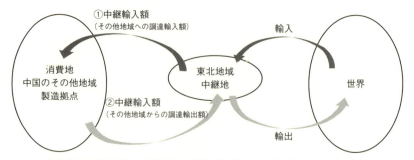

1) 当該地域の総輸入額 − 当該地域の最終消費財輸入額（消費拠点）＝ ①中継輸入額
2) 当該地域の総輸出額 − 当該地域原産の輸出額（製造拠点）＝ ②中継輸出額

出典：筆者作成。

図表 4-12　東北地域の貿易（単位：百万ドル）

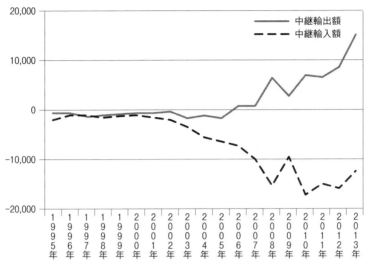

出典：中国国家統計局（http://data.stats.gov.cn/）を元に作成。

図表 4-13　主要沿海地域の貿易

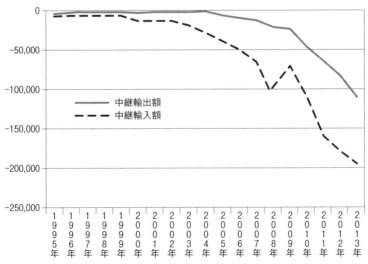

出典：図表 4-12 と同じ。

2009年には若干落ち込むが，それ以降も貿易中継地としての役割を拡大していることが確認できる。一方で，図表4-13が示す主要沿海地域[7]の輸出入をみると，主要沿海地域は東北地域と異なって依然として製造拠点と消費拠点としての役割を果たしていた。以上のことから，これまでに中国の貿易中継地というと香港が有名であるが，今回の研究を通じて，中国の辺境地域である東北地域も貿易中継地としての役割を果たしていることがこれらのデータによって明らかとなった。

4.4 図們江地域開発と日本

4.4.1 日本地方政府を媒介しての交流

1990年代初期に，日本からも図們江地域開発への積極的な参加の必要性が提起されていたが，日本政府は国レベルでの公式参加を拒否し，オブザーバーとしての参加を希望してきた。2001年の第5次5カ国委員会会議で事業対象地域をモンゴルと韓国まで拡大し，日本を含むことで決定したが，日本はインフラ不良による事業の妥当性不十分を理由に引き続きオブザーバーとしての参加を希望した。この他にも日本政府が公式参加を拒否した理由として，「北朝鮮との国交がない」李（2003）[8]，「北朝鮮の日本人拉致問題の未解決とミサイル問題」李（2001）[9]，「北朝鮮対日債務の不履行問題」Lee（2010）[10]，「資金負担問題」Park（2015）[11]などがあげられている。しかし，日本は北西地域の開発と図們江地域開発を連結するという構想をもって新潟県を中心とした日本海沿岸の富山県，鳥取県など地方自治体は積極的に図們江地域との交流を先行してき

---

7 山東省，上海，江蘇省，浙江省，広東省を指す。
8 李（2003），p.19.
9 李（2001），p.151.
10 北朝鮮は日朝間の国交正常化会談のまえに日本の経済協力を受け入れることを表明するなど積極的な日本からの投資を希望していたが，日本は800億円に及ぶ北朝鮮の対日債務不履行問題に対する北朝鮮の明確な立場表明がないなか，積極的な参加意思は表明していない。Lee（2010），p.18.
11 日本の慎重な立場をとっている要因の一つとして，北東アジア経済協力が組織化された場合に開発費用の大部分を日本が負担しなければいけないという経済的側面を指摘した。Park（2015），p.129.

た。東北地域を中心とした図們江地域との交流をみると民間中心のアプローチと地方政府を媒介しての交流，日中東北開発協会と日中経済協力会議などの協会を通じての交流がほとんどである。

特に，新潟県，富山県，鳥取県など日本海沿岸の自治体が積極的に図們江地域との航路開設と開発協力に向けての議論を進めてきており，1993年には西日本を中心に，環日本海交流西日本協議会と環日本海経済研究所（ERINA）を発足した。1996年には，これらを中心に日本，中国，韓国，モンゴル，ロシアの34地方自治団体の交流が推進され，さらには北東アジア地域自治体連合（NEAR）が発足するなど，地方政府間の国境を越えた地域間協力への枠組みへと発展した。

図表4-14が示すように，1980年代から近年に至るまで北海道，新潟県，鳥取県，富山県などの日本海沿岸の道県は東北地域と友好交流都市を締結するなど活発な交流を行ってきた。新潟県の上越市と鳥取県の堺港は，図們江地域開発に最も積極的な吉林省の琿春市と姉妹都市を締結し，地方政府間のネットワークを介して人的ネットワークを構築することを積極的に進めてきた。たとえば，秋田県は1998年にポシェットから秋田航路を開設し，2002年には経済視察団と代表団が現地での投資環境を調査するなど東北地域との交流に積極的である。このほかにも鳥取県の境港と新潟県の上越市は，琿春市とそれぞれ姉妹都市となって，地方政府間のネットワークを介して人的ネットワークを構築することを積極的に進めてきた。こうした地方都市間の交流は友好的な性格を内在しており，経済的交流を円滑化させる要因となった。

地方政府を媒介とした方法以外にも，日中東北開発協会を通じた交流が日本企業の東北地域への進出のための重要な基盤となっている。その主な事業活動は日中経済協力会議の開催，中国東北各地との交流の促進，中国側大規模開発プロジェクト，経済技術開発区，工業団地などの日本側への紹介，投資相談への対応などを行っている。この協会は1984年に大連の開放都市の指定を契機に，日本と東北地域との経済交流を促進する目的で発足した。会則で「日本と中国の東北地域間の経済技術交流を促進し，両国間の経済関係の発展に寄与することを目的とすると明記したように，経済協力会議の開催や人的交流を通じて日本企業の東北地域への進出を多方面で対応してきている。東北地域の最新

図表 4-14　日本海沿岸道県と東北地域との友好交流都市

中国側省・自治区	都市名	都道府県	日本側都市	締結年月日
黒龍江省		北海道		1986 年 6 月 13 日
	ハルビン市	北海道	旭川市	1995 年 11 月 21 日
		山形県		1993 年 8 月 10 日
	ハルビン市方正県	山形県	大石田町	1990 年 2 月 1 日
	双鴨山市	山形県	長井市	1992 年 5 月 21 日
	尚志市	山形県	鶴岡市	2000 年 10 月 25 日
		新潟県		1983 年 8 月 5 日
	ハルビン市	新潟県	新潟市	1979 年 12 月 17 日
	ハルビン市呼蘭区康金鎮	新潟県	上越市	2002 年 4 月 15 日
	綏化市	新潟県	胎内市	2011 年 7 月 4 日
吉林省	長春市	北海道	千歳市	2004 年 10 月 11 日
	梨樹県葉赫満族鎮	青森県	西目屋村	1985 年 4 月 29 日
		宮城県		1987 年 6 月 1 日
	長春市	宮城県	仙台市	1980 年 10 月 27 日
	吉林市昌邑区	宮城県	気仙沼市本吉町	2002 年 8 月 30 日
	吉林市	山形県	山形市	1983 年 4 月 21 日
	琿春市三家子満族郷	山形県	米沢市関地区	2002 年 7 月 4 日
	琿春市	新潟県	上越市	1996 年 4 月 29 日
		鳥取県		1994 年 9 月 2 日
	琿春市	鳥取県	境港市	1993 年 10 月 13 日
	大安市	鳥取県	八頭町	1996 年 12 月 13 日
	吉林市	島根県	松江市	1999 年 11 月 9 日
遼寧省	瀋陽市	北海道	札幌市	1980 年 11 月 18 日
	撫順市	北海道	夕張市	1982 年 4 月 19 日
	朝陽市	北海道	帯広市	2000 年 11 月 18 日
	大連市	青森県	青森市	2004 年 12 月 24 日
	鳳城市	秋田県	北秋田市	1997 年 9 月 11 日
	瓦房店市	山形県	天童市	2002 年 5 月 27 日
		富山県		1984 年 5 月 9 日
	錦州市	富山県	高岡市	1985 年 8 月 10 日
	盤錦市	富山県	砺波市	1991 年 4 月 25 日
	大連市金州区	石川県	七尾市	1986 年 4 月 13 日
	興城市	石川県	川北朝	1992 年 9 月 10 日
	鞍山市	兵庫県	尼崎市	1983 年 2 月 2 日
	大連市	福岡県	北九州市	1979 年 5 月 1 日
	大連市旅順口区	佐賀県	唐津市	2004 年 4 月 27 日
	大連市	佐賀県	伊万里市	2007 年 5 月 26 日
	瀋陽市	長崎県	佐世保市	2012 年 5 月 31 日

出典：NPO 大阪府日本中国友好協会ホームページを参考に筆者整理。

情報の入手と日中双方向での貿易，投資などを推進する良い機会となっている。

　2015年に瀋陽で開催された第15回目の「2015年日中経済協力会議では，日本側（169人）からは中央政府および各地方自治体関係者，企業関係者（中国駐在者を含む），経済団連関係者，研究機関関係者が参加し，中国側（531人）からは中央政府および遼寧省，吉林省，黒龍江省，内モンゴル自治区等地方政府関係者，企業関係者，経済団体関係者，研究機関関係者など計700名の参加者を得て，日本と東北地域の間で地方政府，企業，関連団体，研究所などにより多面的で多階層による経済合流を行った。具体的には，遼寧省をはじめとする東北地域と日本の今後における経済交流の拡大などについての意見交換，会議における分科会，地域視察等を通じて，日中の関係企業間でより密接な交流や情報交換が行われ，今後の協力プロジェクトシーズが生まれたと評価された[12]。

　この会議では森新潟副知事より2016年の新潟港—ロシア・ザルビノ港間のフェリー航路開設計画が発表され，瀋陽にて同航路の運営を行う日中合弁企業設立の調印が日中の関係企業間で行われるなど非常に活発な動きを見せた[13]。会則で「日本と中国の東北地域間の経済技術交流を促進し，両国間の経済関係の発展に寄与することを目的とする」と明らかにしたように，経済協力会議の開催や人的交流を通じて日本企業の東北地域への進出を多方面で対応してきた。

　このように日本と東北地域との交流では，中央政府よりも地方自治体および協会などのネットワークを介して友好的な雰囲気を作ることで相互協力を強化しながら実質的なビジネス環境を構築する戦略をとってきていることがうかがえる。

12　2015年7月に筆者が参加した「2015日中経済協力会議」の報告書に基づく。
13　前掲と同じ。

4.4.2 吉林省延吉市・琿春市の企業事例
(1) 日本企業 A 社―現地の優れた資源の活用で成功した事例―

2004 年に吉林省・延吉市に設立した食品関連企業 A 社（100％独資・資本金650万米ドル）へのヒアリング調査から次のようなことが明らかとなった。

① 進出動機：原材料確保と第三国への輸出目的－地元の原材料と海外から輸入したものを選別し，本社および各国へ輸出する一般貿易と来料貿易（製造委託工場に材料を無償で支給し，加工後の製品を加工賃で買い取る取引）を行っている。
② 販売先：9割以上が日本，欧米などへの輸出で1割が中国国内販売。
③ 輸送ルート：大連港を経由した輸出入，国内販売では立地上の不便がある。
④ 労働力：260人の従業員のうち9割が地元出身者だが若者はその他地域への出稼ぎが多く，若者の採用が困難。
⑤ 賃金水準：労働者1人当たり賃金は2000元前後で山東省にある青島工場より200～300元ぐらい安い。事務員または管理職は4000～6000元ぐらい。
⑤ 事務管理職：35人いるがその半数以上は地元出身の朝鮮族で日本への留学経験もあり，言語のなどの障壁は特にない。
⑥ 事業環境：現地の外資には輸出企業が少なく，輸出入手続きの簡素化などの恩恵を受けている。
⑦ 経営上の問題点：a. 輸出企業のため為替リスクが大きい，b. 優秀な人材の採用が難しく採用しても定着しない，c. 東北地域での売上は順調だが，その他地域への国内販売では立地上の不便がある。
⑧ 今後について：事業の拡大は考慮してないが，今後は国内販路を拡大していく方針。

などがあげられた。A 社は 30 年以上前から現地での仕入れ・買付をしてきたが品質が不安定だったため現地へ進出を決めたケースである。A 社は延吉を中心とした延辺朝鮮族自治州が吉林省の東部で，長白山脈のふもとにある中国・ロシア・北朝鮮の3国隣接地域に位置し，豊富な特産資源物に恵まれていることから，立地上の優位性を見出したのである。要するに，吉林省の優れた

資源を活用し，日本の最新鋭設備を導入し厳格な品質管理を行ってきた結果，設立から僅か2年目で黒字を出すことに成功したのである[14]。

(2) 地場企業B社―現地の特殊資源をもとに成功した事例―

① 設立経緯：B社は1998年に朝鮮人参の栽培からスタートし，2006年に図們江地域（琿春）国際合作区に設立した民営企業である。

② 販売先：主にロシア，台湾，マカオへ輸出しており，中国国内では所得水準が比較的に高い長江デルタ地域へ販売している。日本への輸出では朝鮮人参に対する税関検査で270種類の項目があり，それを満たしていく必要がある。

③ 労働力：従業員は約200人でうち70％がその他地域からの労働者である。董事長の名言「有了人才不愁其他事」（人材さえ揃えば心配ことなし）のように，離職率は減っているものの有能な営業人材の確保が難しいのが現状である。

④ 賃金水準：平均賃金は3000元

⑤ 今後について：中国社会の高齢化に伴って人々の健康志向が強まり，国内市場への販売拡大については明るくみている。日本への輸出では，韓国の高麗人参が早い段階から輸出されていたため，朝鮮人参への認知度が低いが，長白山産地という優れた栽培条件と高い技術から生まれた高品質に自信をもっており，将来の輸出先として明るくみている。

などがあげられた。当社は長白山人参といった特殊な資源を利用しながら自社技術をもって「B」（董事長の名前）ブランドシリーズとして生産・加工しており，その製品は2010年の上海万博の吉林省贈答品，2011年には吉林省農産品加工100強企業，2012年には国家衛生部の新資源商品，2013年には省レベルの技術企業と先端技術企業として認定されるなど，現地で高い評価を受けている民営企業である。実際，吉林省には1万5000社ぐらいの朝鮮人参を栽培する企業があり，そのうち一定規模の企業は2000社程度で，高品質の企業は100社ほどだが，その中には医薬関連企業も含まれるため，単純に朝鮮人参の

---

14 2016年8月31日の訪問取材をもとにまとめ，一部は本社ホームページを参照。

生産業にすると当社が1位を誇っている。その成功の要因として現地の特殊な資源の活用と，経営トップが中医出身であることから，朝鮮人参栽培から派生した機能性食品，スキンケア製品，日用品，飲料まで手掛けていることがあげられる。今後の課題としは，販路拡大のための優秀な営業人材の確保があげられた[15]。

(3) 加工貿易企業C社—現地の安い労働力を活用して成功を収めた事例—

① 設立経緯と経営環境

2011年に設立したC社は40代半ばの女性社長が経営する衣類加工貿易の民営企業である。その生産された製品のほとんどは日本，韓国，アメリカ，スウェーデンなどの国へと輸出されており，いわゆる「来料加工」（材料等が無償で供給されるため，加工賃のみ受取る取引形態）を行う企業である。当社の経営者はもともと衣類関連企業の会計部門で20年近く勤めており，その経験を生かして2011年に6人でスタートしたが，現在は400人ぐらいで稼働している。懸念される労働力についてはその他工場より比較的に安定しており，1人当たり平均賃金も1500人民元とその他地域より割安であった。従業員のうち朝鮮族は5人，平均賃金は3500元である。輸送ルートは陸運で大連まで行き，大連港から世界各地に輸出されているが，物流コストは標準コンテナで大連港まで1200元ぐらいと安く，衣類1着当たり0.35元である。

② 経営上の問題点と課題

輸出企業であるため，英語を使う機会が多いが，経営者自身は英語力がなく，通訳を雇うことが多い。しかし，信頼できる通訳をみつけることが非常に難しいと述べた。なぜならば，その通訳がいつの間にか既存の顧客をもって独立するパターンが多いからである。その対応策として，アメリカに留学中の子供が帰国したら後継ぎにさせたいようであった。この他にも資金問題，受注問題などがあげられたが，経営は比較的に安定していた。

日本人にとっても中国ビジネスにおいて誰もが知る大きなハードル「中国

15　2016年8月27日の訪問取材をもとにまとめ，一部は本社の資料を参照。

語」があるように，C社は，輸出企業として「英語」という「壁」があった。C社の場合，通訳を「英語」ができるということで採用したと思われ，その人の人柄，留学経験の有無，性格や才能，仕事への適正などの総合判断が欠けていたケースである。かつて日本企業が中国でのビジネスにおいて，日本語の通訳が日本人の意向を無視してどんどん勝手に話を進めるなど酷い目にあったとか，出張中に突然失踪してしまったなどという話は昔から後を絶たない。日本企業の海外進出戦略においても同じく「通訳」問題は直面する課題であり，その課題に向けての対策として，現地で日本語の通訳を探すよりも日本に留学しているまじめな学生を日本で採用し，日本で必要な資格や技能を取得させ，日本本社での仲間や友人を増やしたうえで中国に派遣すれば，転職のリスクも少なく，本社の経営方針に忠実に活躍してくれると思われる[16]。

4.4.3　有望協力分野と進出戦略
(1) 有望協力分野

　企業が特定の地域への投資を決定する場合には，当然のことながら企業の投資環境を考慮しなければならない。これらの条件として賃金水準や原料の調達，販売市場とインフラ，優遇税制や金融機関の融資と金利といった様々な経営環境を考慮する必要がある。

　近年，中国の経済パラダイムは変化しており，外資企業の投資環境においても過去の安い人件費と外資誘致のために提供されていた各種税制上の優遇政策などの波に乗って中国への進出を模索していた時期は実質的に終了しつつあるといえる。少なくともこれまでに中国経済をけん引してきた東部沿岸地域では賃金の高騰，労働力不足，地場企業の急成長といったライバル企業の出現により日本企業を含む外資企業の現地でのビジネスは困難な時期に入っていることから新たに現地での成長戦略を模索しなければならない。

　企業が進出する地域を選定した際と同じく競争力ある商品やサービス分野の選定は非常に重要である。まずは，現地における自社の優位性を生かしなが

16　2016年8月27日の訪問取材をもとにまとめており，筆者の主張も含まれる。

ら，中国側にも役に立てることができるアイテムの選定が重要になってくる。中国が外資企業に望むことは，中国企業が簡単にアクセスすることができる製品や業種ではなく，技術や優れたサービス能力を備えた企業で，中国の持続的な成長に役に立つことができる企業である。そのため，有望な業種や事業分野を選定するには，次の二点を同時に考慮しなければならない。一つはGTI関連諸国との協力が容易な分野で東北地域が日本企業に望んでいる協力分野を見極めることである。もう一つは，自社のもつ製品が東北地域において比較優位をもっているかどうか，そしてその製品に対する技術力やサービスを組み合わせることができる分野である。

　まず，東北地域が日本企業に望んでいる協力分野をみてみよう。東北地域への日本企業の進出状況をみると，これまでに製造業を中心に2100社（2015年現在）が進出していたが，最近では不動産開発や消費者向けてサービス・金融などの企業が進出し，環境や介護・福祉などの新分野での投資も進んでいる。吉林省に進出した日本企業は198社（2015年現在）で外資では第3位，累計直接投資額は10.3億ドルで同第5位となる。主に設備製造業，農産品加工に従事している。2015年7月に筆者が参加した「2015日中経済協力会議」の報告書に基づくと，吉林省側があげた日本との協力分野は，設備製造業（年間自動車生産量250万台，鉄道車両の国内シェア44％），農産品加工（年間食糧生産量3530万トン），新興産業（医薬，バイオ，IT，新材料，先進設備製造，新エネルギー，新エネルギー自動車，省エネ環境），産業園区（中国シンガポール吉林食品区，琿春国際協力示範区）などがある。特に，この中の琿春国際協力示範区では，立地上の優位性を生かして①エネルギー資源加工（鉱物など），②木材加工，③水産品加工，④紡績衣類加工，⑤貿易物流などの集積地，または集散地としての「5大基地」としての国際協力分野の新たなモデル構築に力を入れており，こうした協力分野には注目が必要である。

　次に，自社のもつ製品と技術力が東北地域において比較優位性をもっているかどうかが非常に重要である。先述したように，東北地域とGTI関連諸国は相互依存関係が強く，その競争力も時間が経つにつれて「競争力あり」から「競合関係へと変化」するなどの特徴がある。そのため，各企業の立場から比較優位性をもつことのできる協力分野を探し出し，積極的な戦略を立てる必要

がある。たとえば，日本の場合は東北地域に対して既存の比較優位性をもっている鉄鋼・金属，機械・電機，輸送・精密機器などの分野において協力しながら，東北地域の有利な地理的条件と豊富な鉱物・資源，農林水産物を活用し，現地での生産販売，または中国その他地域と第三国へ輸出拠点とするなどの事業戦略を構築することは重要であろう。要するに，GTIが提示した交通・物流，貿易・投資，観光，エネルギー，環境など各分野別の協力戦略計画をもとに有望な進出分野を模索する必要がある。しかし，こうした5大部門での協力は中長期的にはどれもが社会的ニーズの高まっていくものであるが，その範囲が広いことから選択と集中が難しいという問題点もある。

(2) 東北地域への進出戦略

　これまで議論した内容をもとに日本企業が東北地域に進出する場合のいくつかの戦略について以下のように示す。

　まず，徹底した市場調査に基づいた進出分野の決定と時期の捕捉である。そのためには，まず，先述した有望な協力分野を中心に産業別のアプローチ戦略を具体化していく必要がある。この過程で，日本企業は中国の内需市場拡大と新成長産業の育成政策が成長の機会となるようなビジネスモデルを構築し，ビジネスへの進出タイミングを適切に選択する必要がある。

　第2に，中国への投資では地域戦略が非常で重要であるため，地域別接近戦略が必要である。たとえば，吉林省のA社，B社のケースでみたように現地の特殊な資源（農産品など）を利用して現地での生産加工を行う戦略である。要するに原材料の調達が容易にでき，かつ現地での優遇政策をうまく利用することである。また，輸出販売と国内販売を目的とする企業の場合は，港湾都市，原料生産地との関連半製品の生産地に進出することが望ましい。東北地域全体からすると，すぐに進出が必要な場合は，相対的に立地が有利な点が多い遼寧省が望ましいが，中長期的には，北朝鮮の羅津港や清津港，そしてロシアの港などを利用できる物流通路の開拓状況を見ながら，吉林省の延吉市・琿春市への積極的な投資と貿易を検討することも肝要であろう。

　第3に，製品やサービスの開発と技術革新戦略である。今後の中国市場はより競争力のある大企業が登場して，既存の低価格製品競争の激しい市場で質的

にもアップグレードされた市場構造が形成されるつつある。前述した貿易特化係数からみた競合・補完関係の変化からもわかるように，当初は日本に競争力があった産業も時間の経過とともに現地製品が「競争力あり」へと変化するなど，今後は競争を展開しなければならない。そのため，価格競争などが行われることに備えて，重要な部品の開発や技術革新をもって臨む必要があり，中国政府の関連産業の競争力を厳密に把握するなど，当該地域における政策的支援と情報収集などに努める必要があるだろう。

　第4に，効果的なマーケティング戦略の策定である。中国国内の消費市場の拡大は外資企業の市場進出に良い機会の提供となるだろうが，それと同時に地場企業，特に民営企業の成長が目立つことから，これら民営企業との競争はもちろんのこと，同じ外資企業との競争も加速すると予想される。そのため，長期的な視点から市場傾向を読み，今後5～10年後を見通す先見的な投資が必要である。これとともに，現地企業との協力案を模索して，コストの削減，現地流通ネットワークなどの関係を構築し，販路拡大などを講じる必要がある。現地での協力分野などでは，地方自治体を媒介とした方法のほかに，日中東北開発協会，日中経済協力会議などの関連機関との情報交流と，図們江地域国際投資・貿易フェアなどの博覧会に参加して現地の企業と交流することが効果的であろう。

　第5に，効果的な人事管理と安定的な労働力確保戦略の構築が必要である。地場企業C社の事例からもわかるように現地企業でさえ，良質の人材採用は難しく，経営者を悩ませていた。外資企業の場合は，信頼性の高い労使関係の構築に向けての努力がより必要になってくる。そのためには，優秀な人材を補充することができるようなシステムを備えて，人材育成と労働力の確保および長期勤続を誘導することのできる体系的な教育・訓練および福利厚生制度などを備えることが重要である。東北地域の場合，大学と職業訓練のための教育施設がその他地域より優れており，日本語を話す朝鮮族も少なくない。そのため，比較的に優秀な人材の確保は容易であるとされる。しかし，現状では，「労働力流出」といった問題に直面しており，現地の企業を悩ませている。多くの若者は給料水準が比較的に高い中国国内のその他地域，または海外へと移動しており，現地には労働力が不足し，採用しても安定しない（現地日本企業

A社のケース)。今後は労働力の定着に向けて，労務管理と労使関係を安定させるための努力が必要である。要するに，現地の労働者に企業のビジョンを提示し，希望と達成感を感じさせるとともに，合理的な労使関係の構築を介して，適切な賃金と福利厚生水準を提示する必要があると考える。そして長期的には企業と一緒に成長できるという職場の雰囲気を作ることが重要である。

以上で言及した進出戦略に加え，資金調達や代金回収と各種法制度や法規の動向把握，中国での専門人材の体系的養成と日本本社での積極的な留学生の採用などにも力を傾けるなど，企業のリスクを最小限にすることで，企業業績を最大化する経営戦略の構築に向けての努力が必要であろう。

4.4.4 「図洽会」からみた今後の課題

2016年8月28日から31日の期間に，延吉州の改革・開放の促進と北東アジア地域での経済協力開発を目的とする「第11回中国延吉・図們江地域国際投資・貿易フェア」(以下：図洽会) が延吉市で開催された。中国国内 (1251人) および香港・マカオ・台湾 (837人) と海外からは韓国 (118社)，日本 (15社)，ロシア，米国など26カ国の経済貿易団体や企業代表が参加した。その中には韓国のサムスン電子，HANWHA，CJグループ，中国の光大集団，太平洋建設，中国遠洋など9つの世界500強企業[17]と中国国内から117社の上場企業の参加があった。

今回で11回目となる図洽会は北東アジアにおける経済協力の重要な土台として国内外から注目を浴びている。「開放，イノベーション，協力，共栄」をテーマに投資協力，展示会，国際経済貿易フォーラム，観光と文化交流など4つの部門，430展示ブースのうち中国国内から196ブース，海外からは234ブースが設置された。日本からは新潟県，鳥取市，川崎商工会議所からの出展がみられており，鳥取市企業の生チョコレートやミネラルウォーターなど約50種類が展示された。韓国製品は化粧品，キッチン用具，バス洗面所用品など約650種類，ロシア製品は軽食や酒類など約40種類，中国国内の製品は約500種類で，酒類や日用品がほとんどであった。今回の博覧会を契機に投資商談を

---

17 フォーチュン・グローバル500 (Fortune Global 500)。

行った商人は 2156 人に達し，特に 366 人の韓国企業界の代表らが参加したことで史上最大の参加数を記録した。

　すでに述べてきたように，吉林省は UNDP が 1991 年から推進している GTI の貿易・物流の中核地域にあり，北東アジア地域における経済開発実現の可能性が高い地域として評価されてきたにもかかわらず，2000 年代に入るまではそのための本格的な動きはほとんど観察されなかった。その後，中国政府が長吉図を国家戦略として位置づけ，図們江地域開発と結び付けて大規模開発に乗り出したことによって図們江地域は新たな段階を迎えている。すでに急ピッチで整備された基幹交通インフラに加え，各地方を連結する高速鉄道，道路の建設，日本海横断海上航路の拡大などのインフラ整備も着々と進められている。しかし，現段階（2016 年現在）での日本への輸送ルートではロシア港湾の経由は限定的である。現地の複数の日本企業への取材からは，ロシア経由の綏芬河と琿春口岸は物流コストが高いため，大連港，青島港，上海港を経由していることが明らかとなった。

　GTI が多国間協力を通じた地域間協力であるだけに，今後もしばらくは地方レベルでの地域間経済協力が主体となると思われる。今回の図治会では，「延吉市第 1 回海外華僑華人専門家懇談会」が初めて開催されたことから今後は外資企業に限らず華人・華僑による資本流入の拡大も予測される。さらに，「帰郷創業，故郷建設」，延辺商人「懇談会」など，様々な活動が行われたことから，中国その他地域，または海外にいる地元出身者の回帰も大いに期待できると考える。図們江地域では北朝鮮による核実験などの外部リスクは依然として大きく，借港出海への本格的な開通までには不透明な部分もあるが，図們江地域における関連諸国間で相互利益が享受できる分野と協力が必要とされる貿易・投資，物流・インフラ，情報，観光および環境・エネルギーなどを中心に，共通課題に向けての話し合いが必要であろう。

4.5　まとめ

　本章では，投資先国における市場機会や資源機会を開拓して利用するために

4.5 まとめ

重視すべきである「立地特殊的優位性」という観点から，近年になって再び注目を浴びている図們江地域（主に中国東北地域）を取り上げた。GTIの優先分野の一つである貿易に焦点を当て，東北地域とGTI関連諸国との貿易に関する特徴を明らかにしたうえで，現地調査に基づいて，海外進出を検討している企業に有望な協力分野と今後の進出戦略について考察を行った。

主に次のような結果が得られた。

(1) 図們江地域は北東アジアの中心地として日本海の海上輸送，陸上輸送，航空輸送の拠点となる可能性が高い地域として浮上している。関連諸国のインフラ提携によって日本海横断航路が開通し定期運行となった場合には，輸送時間の大幅な短縮などといったメリットが生じ，北東アジアにおける貿易ルートの拡大につながると考えられる。

(2) 東北地域はその他地域（国外，国内）にとって貿易中継地としての役割を果たしており，その中継額も年々拡大していることが明らかとなった。こうした東北地域における中継貿易の拡大は，単に東北地域の需要を満たしているのみならず，中国のその他地域とも密接にリンクしている現状を表している。

(3) 対世界への貿易において競争力が弱い産業が隣接国に対して競争力が強いという結果は，この分野において，中国内陸の競争力の弱い製品が東北地域を通じて周辺諸国へと輸出されていることを示唆している。こうした意味で，東北地域の貿易中継地としての役割は，内陸産業に新しい市場を提供することになり，中国経済にのみ有益なものではなく，東北地域をはじめとするGTI関連諸国の地域経済発展にも寄与するものと考えられる。今後の地域間協力の進展に伴って，日本企業にとっても現地を拠点とした市場拡大につながるものと予測される。

(4) 吉林省・延吉市と琿春市の調査から，優れた資源を活用している日本企業，特殊資源をもとに栽培から製品化・販売している地場企業，安い労働力を活用している加工貿易企業が成功を収めていることが明らかとなった。経営難として，国内販売への立地上の不便，人材獲得の難しさなどの声もあったが，それ以上に現地生産での優遇政策，豊富な資源などによるメリットが大きいことが明らかであり，図們江地域のインフラ改善への期待も大きいこ

とがわかった．また，今回の図洽会でのイベントから，今後は外資企業に限らず華人・華僑による資本流入の拡大も予測でき，中国その他地域，または海外にいる地元出身者の回帰も大いに期待できると考える．

(5) GTIが多国間協力を通じた地域間協力であるだけに，今後もしばらくは地方政府と民営企業レベルでの地域間経済協力が主体となると思われ，日本企業が東北地域への進出を検討する場合には，中央政府よりも地方自治体および「日中経済協力会議」，「日中東北開発協会」といった協会などのネットワークを介して，友好的な雰囲気を作ることで相互協力を強化しながら，実質的なビジネス環境を構築する必要がある．将来的に北朝鮮という外部リスクが解除され，「借港出海」が開通さえすれば，東北地域は，日本企業にとっても最良の投資地域として浮上する可能性が高い．今後は，ロシア，モンゴルへ輸出可能な製品は，この地域に進出し，東北地域を市場とするとともに中・露辺境貿易を活用した市場開拓も可能であろう．

(6) 図們江地域では北朝鮮による核実験などの外部リスクは依然として大きく，吉林省の「借港出海」への本格的な開通までには不透明な部分もあるが，図們江地域における関連国家間で相互利益が享受できる分野と協力が必要とされる貿易・投資，物流・インフラ，情報，観光および環境・エネルギーなどを中心に，共通課題に向けての話し合いが必要であろう．

主要参考文献
[1] 王珂（2005）『多民族国家　中国』，岩波新書（新赤版）938，岩波書店．
[2] 加藤弘之（2003）『現代中国経済6　地域の発展』名古屋大学出版会．
[3] Dunning, J.H.(1981) "International Production and the Multinational Enterprise." George Allen & Unwin.
[4] Park,Ji-yeon（2015）「広域図們江開発計画（GTI）の現況と課題」，北朝鮮・東北亜研究センター研究報告書，韓国輸出入銀行．
[5] 安田知絵（2013）「中国の対隣接諸国への貿易・FDI拡大と辺境経済圏の役割」，日本大学経済学部，経済集志，83（3），pp.87-110．
[6] 李燦雨（2003）『図們江地域開発10年—その評価と課題—』，ERINA bookletvol.2．
[7] ——（2001）『北東アジア開発の展望』第7章「図們江地域開発の現状と直面する課題」，財団法人　日本国際問題研究所．
[8] Lee,Seong-woo（2010）「図們江開発と東アジア多国間協力の展望：東アジア多国間協力体の建設を中心に」，済州平和研究院．

【ウェブ資料】
[9] 　NPO大阪府日本中国友好協会（http://www.kaigisho.com/jcf/）

- [10] 韓国貿易協会〈한국무역협회〉(http://www.kita.net/)
- [11] 韓国輸出入銀行〈한국수출입은행〉(www.koreaexim.go.kr)
- [12] 公益財団法人 環日本海経済研究所 (http://www.erina.or.jp/)
- [13] GTI (http://www.tumenprogram.org/)
- [14] 中華人民共和国国家統計局 (http://www.stats.gov.cn/)
- [15] 中国吉林省延辺朝鮮族自治州 (http://www.yanbian.gov.cn/)
- [16] 鳥取県公式ホームページ (http://www.pref.tottori.lg.jp/)
- [17] 新潟市公式ホームページ (https://www.city.niigata.lg.jp/index.html)

【現地調査から得たその他の資料】
- [18] 延吉市政府，州商務局 (2016)「第 11 回中国延吉・図們江地域国際投資・貿易フェア」
- [19] 日中東北開発協会 (2015)「2015 年日中経済協力会議―於瀋陽」報告書
- [20] 取材企業Ａ社の関連資料
- [21] 取材企業Ｂ社の関連資料

(安田知絵)

第 5 章

進出後の現地人材育成の現状と課題
——ミャンマーとベトナムにおける韓国系企業と日系企業の事例を中心に

　本章では中小企業の海外進出における現地人材育成に関する内容を考察する。まずは中小企業の人材育成について概観したあと，ミャンマーとベトナムにおける韓国系企業4社と日系企業4社の計8社のコア人材育成の事例を取り上げる。以下の4節でまとめた。

　1節では，中小企業の海外進出と人材育成について述べた。今後も中小企業の海外進出は増え続けると展望されるなか，人材育成の重要性の観点から考えてみた。海外進出企業の人材育成は，企業の規模を問わず重要な経営課題の一つであり，充分な体制や人員の確保が難しい中小企業においては，大きな負担となる。しかし，中小企業のなかで，事業の拡大をより志向している企業ほど，経営戦略として人材育成を重視している割合が高いという分析もあり，育成した人材が会社に定着するかどうかも，企業が積極的な人材育成を推進して行くうえでのポイントとなる。

　2節では，ミャンマーにおける韓国系企業と日系企業の人材育成の現状で，韓国系は建材流通・製造業（A社）と消費材製造業（B社），日系は機械関連業（C社）と消費関連製造業（D社）の現状について述べた。韓国系，日系ともにコア人材が非常に不足しており，日系のD社はミャンマーの現状では，コア人材よりも従業員全体の能力を向上させる方が必要だと考えている。韓国系A社と日系D社は経営者の意向を理解して強力にサポートできる人材をコア人材としてみなしている点も特徴である。

　3節では，ベトナムにおける韓国系企業と日系企業の人材育成の現状で，韓国系は消費材製造業（E社とF社），日系は機械関連製造業（G社）と素材関連製造業（H社）の現状について述べた。共通の特徴としては，コア人材を決定するまでの時期が入社後3〜5年であり，比較的長期となっている。コア人材の育成において，韓国系のE社は経営環境や従業員の待遇改善

も視野に入れた試みとして韓国スタイルの押し付けではなく，達成可能なものを提案し，挑戦させる形の人材育成を行っているのが特徴である。

4節はまとめである。本章で取り上げた事例はごく少数の企業を対象にした調査であるため，調査結果を一般化することは困難である。しかし，ミャンマーやベトナム現地における，主に中小の韓国系企業と日系企業の人材育成の現状をある程度把握できたことは有意義であったと考える。各企業は人材育成の重要性を認識しており，その必要性を実感しているが，様々な背景でコア人材制度の受け入れや実施には違いがうかがえる。外資系企業においては長期継続的な企業経営を考える場合，コア人材の育成と人材の現地化が非常に重要であり，コア人材がやりがいを感じ，そのミッションを追求できるマネジメントや場づくりをしていく必要がある。何より各企業は社内外の専門家を活用して人材育成の現状を把握するとともに，自社に適したコア人材の育成制度の構築・運営を通じて企業のさらなる発展を図っていく必要がある。

5.1　中小企業の海外進出と人材育成

企業のグローバル展開が盛んになった今日，グローバル化は大企業のみならず中小企業においても身近なものになりつつある。企業の成長とともに競争力の確保の観点からも企業のグローバル化は重要である。

本章では，中小企業の海外直接投資に伴う現地の人材育成の現状を把握し，課題・改善策・展望などを考察する。これから海外進出する日本企業が増えてくることが予想される中，主にミャンマーとベトナムにおける韓国系企業と日系企業の現地人材育成を事例として取り上げたい。

5.1.1　海外進出の背景と傾向

日本企業の場合，帝国データバンクが実施した調査（「特別企画：中小企業の海外進出動向調査」2015年11月6日～20日，海外進出を行っていると目さ

れる中小企業2760社に対し，海外進出への取り組みについてアンケート調査を行い，905社から回答を得る）によると，海外に進出した理由として最も多かったのは「海外での需要増」で60.4％（480社），次いで多かったのは「取引先企業の海外進出」で49.8％（396社）であった。以下，「人件費の削減」，「原材料費・物流費の削減」といったコスト削減に関する理由が，それぞれ約20％を占めた。「その他」の理由としては「日本市場での成長余地が少ないため」，「日本国内の経営環境が不利（規制，負担が多い）」など，国内市場の縮小や規制に対し海外に活路を求めようとするものが目立った。

同調査で海外事業の今後の展開方針としては，「拡大意向」が52.5％（417社），「現状維持」が41.9％（333社），「縮小・撤退意向」が5.5％（44社）となっており，拡大意向の企業が過半数となった。大手製造業の海外シフトが進んでいること，少子高齢化などにより国内市場の縮小が予想されること，地方経済の停滞により海外に活路を求める地方企業が増えていることなどが，その背景にあると分析されている。一方，中国経済の減速や新興国の政治・社会体制の不安定感から，海外事業の拡大を保留している企業もあることも指摘されている。

また海外事業を縮小・撤退意向と回答した企業にその理由を尋ねた結果，最も多かったのは「現地人件費の上昇」で61.4％（27社）を占めた。中国の人件費が経済成長や内需拡大政策により上昇していることに加え，新たな進出先とされてきた東南アジア諸国の賃金水準も上昇傾向にある。次いで「海外での需要減退」，「円安の進展」が36.4％（16社）で続く。「現地での原材料費・物流費の上昇」も25.0％を占め，総じて海外進出によるコスト削減効果が薄れてきたことを理由とする企業が多い。

上記の調査結果が示すように今後も中小企業の海外進出は増え続けると展望されるなか，様々な視点から分析・考察が必要となるだろう。

5.1.2　海外進出企業の現地人材育成

上林ら（2014）によると，人的資源管理について，以下のように説明している。

人的資源管理とは，組織体が経営目的を達成するために，働く人員を管理す

るための一連の活動を指しており，この人的資源を管理するための活動は，それぞれの組織において制度として設計され実施されていることもあれば，必ずしも制度としては定着していなくても，慣行として行われたり，あるいはその都度，時と場合に応じて随時行われたりする単発の活動もある。制度としてある程度定められた人的資源管理の活動を，人的資源管理制度ないし人事制度と呼ぶ。働く人員を管理するための活動は，制度として設計・運用されているかどうかに関わりなく，すべてが人的資源管理に含まれる。人的資源は生身の人間であり，そのため日々思考をし，学習を繰り返しながら成長していく主体的な存在である。人的資源は，企業に採用され始めた当初よりも徐々に質が高まっていき，企業にとってより大きな貢献をなすことができるようになっていく可能性を秘めている。だからこそ，企業は従業員に対して教育訓練を施し，人材を育成しようという動機を持つ。したがって，企業としては人的資源が持つ潜在力をできる限り伸張させ，経営活動の様々な局面に最大限に活用できるようにすることが，収益向上という企業目的を達成するうえで極めて重要になってくる，と考えられている。

　また，佐藤ら（2003）は，人材育成において，モチベーション（働く動機や理由）とインセンティブ（働かせる仕組みや動機付け）の関係は決定的に重要であるとしながら，米国の心理学者であるアブラハム・マスローの欲求階層説に基づいて，企業で働く従業員のモチベーションは，①生理的欲求＝年収・労働時間，②安全欲求＝雇用の安定・福利厚生，③愛情欲求＝所属意識，④尊厳欲求＝認知，⑤自己実現欲求＝裁量にあてはめることができる，と解釈している。

　佐藤ら（2003）は，企業が成長という果実を獲得するには，二つの経路がある，としている。一つは「組織の能力」を充実させることであり，もう一つは卓越した「事業機会」を発見し，そこで事業活動を展開することである。人材などに代表される経営資源を充実させ，その充実した経営資源が魅力ある事業機会を切り拓いていくという視点と，魅力ある事業機会を見定めて，その事業機会を実現させるために経営資源を整えるという視点である，としている。

　そして，佐藤ら（2003）は，人材が企業成長の要であることは間違いないが，具体的な人材育成策となると，それは企業の事業分野と同様に多種多様で

あり，個別具体的な人材育成策の良し悪しは，特定企業における経営者と従業員の相性で決まるので，他の企業で成功したことが別の企業では機能しないことは珍しくない，とみている。大切なことは，自分の企業で働く従業員を注意深く観察し，コミュニケーションをしっかりとることによって，自分の企業にあった人材育成を行うことであると強調している。

5.1.3 中小企業の海外進出と人材育成

　海外進出企業の人材育成は，企業の規模を問わず重要な経営課題の一つである。とりわけ，充分な体制や人員の確保が難しい中小企業においては，大きな負担となる。だが，佐藤ら（2003）が指摘しているように，成長企業の姿には人的資源の開発が企業の競争力の維持・向上や事業の拡大の基盤と考えられている。つまり，成長・拡大している中小企業ほど能力開発に積極的な場合が多い事実は重要であり，中小企業のなかで，自社の競争力の高さを誇っていることや，事業の拡大をより志向している企業ほど，経営戦略として人材育成を重視している割合が高い。育成した人材が会社に定着するかどうかも，企業が積極的な人材育成を推進して行くうえでのポイントとなる。定着を促すための工夫の声を拾いあげてみると，頻繁にコミュニケーションをとること，明るく開放的な職場の雰囲気づくりなどがカギを握っている。さらには，採用を行う段階で仕事や会社の中身をよく説明することも会社に適した人材の定着には効果的である，と指摘している。

　井上（2015）は，経営資源（ヒト，モノ，カネ，情報）の重要性は，経営方針・戦略により異なるが，「企業は人」と言われるように，企業の経営戦略の実行と成長のためには，「ヒト」が最も重要であり，中小企業が自ら人材確保や育成に努力し，工夫していくことで課題を解決していくことが可能となると考えている。井上（2015）の研究内容として日本企業の場合，以下のような考察が参考になる。

　中小企業は大企業と異なって人材に対する確保や育成についての能力は劣っているが，中小企業にはそれなりの人材確保・育成の方法がある。中小企業は大企業と異なる方法で海外事業展開に役立つ人材の確保と育成を行っていることがわかった。まず，一つ目の「海外でのマネジメント経験のあるOB・OG

人材の確保」では，必要な人材を自社内だけで確保することが難しい場合，海外でのマネジメント経験のある OB・OG 人材を採用し，現地での経験や知識が豊富である外部の人材を活用することで，質の高いマネジメント層の人材の確保に対応することが可能である。二つ目の「管理候補者として外国人留学生の確保」では，進出予定国の情報収集や進出先の商習慣や，文化，現地の人との関わり方，キャリア観などを補うために，進出予定国の外国人留学生を日本で採用している。これらの能力を持っている外国人留学生は現地で将来マネジメントを行う人材になるとも考えられる。三つ目の「外国人技能実習制度の卒業生の確保」では，中小企業が海外事業展開を行う際，質の高いワーカーと中間管理職の不足を解消するため，外国人技能実習制度の卒業生を活用することが対応策として考えられる。技能実習制度の卒業生の中には，日本語能力を有し，日本の生産システムへの理解があり，品質管理も行うことができる人材もいるので，海外における質の高い現場労働者の確保という問題に対応できると思われる。

　井上（2015）は，これらの対応策には課題も残されていることを指摘している。まず，海外でのマネジメント経験のある OB・OG 人材の確保するためは，企業は取引先企業や金融機関などからの紹介，経営者の知人といった人材に出会うためのコネクションを確保していなければならない。次に，外国人留学生と外国人技能実習制度の卒業生の採用に関しては，入社後に日本の商習慣や会社の文化，組織に馴染めるかは難しい面もあるので，企業はこれらに対して工夫していく必要がある。また，これらの方法以外にも，海外事業展開を担う日本人社員の人材を確保や育成していく必要がある。

　井上（2015）は，中小企業が以上のような方法を用いて工夫することで人材確保・育成に対する課題に対応し，海外事業展開を行っていくことに役立ち，自社の成長につなげることが可能だと考えている。

　外国人人材の定着率向上については，服部（2016）は，採用した人材の活動の場の設定と活動による貢献・処遇を連動させた関係として位置づけなければならない，としている。そこでは，人材をめぐる活動成果は外的報酬（賃金，昇進，昇格など）だけではなく，内的報酬（仕事の充実感，達成感，成功感など）について，受入企業側は制度面でも準備しておくことが重要になると強調

し，外国人人材をどう活かし，活動成果を的確に捉えるかという企業意思を管理運用と強く連結させていくことが望まれる，と考えている．

5.2 ミャンマーにおける韓国系企業と日系企業

市場開放とともに豊かな資源や低賃金労働力の活用などの側面により投資進出先として注目を集めているミャンマーは，近年外国からの直接投資許可額が前テイン・セイン政権の5年間（2011〜2015年度）の外国直接投資は約280億ドル（約2兆9千億円）で年率約8%の高成長を成し遂げている．国軍主導の政治が続いていたミャンマーは2016年3月にアウンサンスーチー国家顧問兼外相が主導する新政権が発足し，前政権を上回る外国投資の獲得を目指して外資の誘致に力を入れている．

ここでは，現地の人材育成のなかで，特にコア人材について考察する．コア人材とは，「将来中核を担うと目され，早期に選抜，登用される人材」のことである．コア人材の育成には，産業の特性，各社の戦略や組織文化にあわせて，試行錯誤しながら幹部候補の選抜とその育成についての最適経路を探らなければならない．また，新井（2007）によると，コア人材を自社で積極的に育成を行っている場合は勤務継続意向が強い傾向がみられ，コア人材を育成するための取り組みがコア人材に認知されている場合には，企業に対するロイヤリティが高い傾向があるとみることができる，とする．

ここでは，ミャンマーにおける韓国系企業と日系企業の人材育成の事例を取り上げ，その現状・特徴・課題などを考察する．

5.2.1 韓国系企業の人材育成の現状

本項では筆者が2015年2月にコア人材の育成の観点からミャンマーのヤンゴン地域の韓国系企業に対するアンケート調査およびヒアリング調査した結果の一部を紹介する．

事例 1：建材流通・製造業 A 社

韓国人社長にヒアリングを行った。

① 企業概要

・事業内容：建材の卸・小売および製造
・設立年度：2000 年
・出資形態：単独出資
・進出目的：第 1 位 逆輸入，第 2 位 現地市場，第 3 位 第三国への輸出
・現地従業員数：300 人（うちホワイトカラー・ワーカー 15 人）
・管理職数：7 人（うち韓国人 0 人）
・役員数：1 人（韓国人）

② コア人材の定義・充足度

　経営者を強力にサポートできることや適確な意思決定の能力を有する人材をコア人材としてみなしている。

　スペシャリストがかなり不足しており，営業と開発・設計部門の人材が非常に必要である。財務・経理部門の人材はある程度必要である。

③ コア人材の採用・選抜

　コア人材の採用は，専門の人材斡旋業者が少ない中，社員による紹介が非常に多い。また，新聞・求人雑誌による採用や職業紹介機構を通じた採用も多い方である。

　コア人材の選抜要件は，第 1 に問題解決力（指示待ちのみではなく自ら考えて動く能力），第 2 に専門性，第 3 に実行力を重視している。

　コア人材になるかの最終決定は，現地会社の社長・役員が行っている。決定時期は入社後 1～3 年であり，現地では一般的に会社への忠誠度や帰属意識も低い中，離職率も高いので 1～3 年が適当であると考えている。

　コア人材に求める能力は，部下に仕事を任せる能力が絶対的に必要である。リーダーシップ，情報機器を使いこなす能力，他人へのアピール能力，専門に関する深い知識，幅広い視野，交渉力，ビジョンを作成する能力，部下を育成する能力，国際感覚が非常に必要である。公私区別の能力も必要としている。

④ コア人材の育成・キャリア形成

　コア人材の育成施策として，民間教育機関（塾）で語学（英語・韓国語），

図表 5-1 キャリア形成のパターン

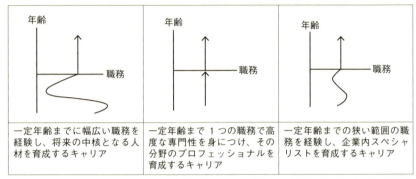

出所：グローバル・マネジメント研究会編「アジア日系企業の人材育成」『東西南北・別冊』03号，和光大学総合文化研究所，2002年12月，18頁。

会計，CADなどを学ばせている。

キャリア形成については，今までは，一定年齢までは幅広い職務を経験し，将来の中核となる人材を育成するキャリアパターンであったが，学習能力が低く効果が小さかったため今後は，一定年齢までに狭い範囲の職務を経験し，企業内スペシャリストを育成するキャリアパターンを考えている。

⑤ コア人材の職種と評価・活用

コア人材の職種は，営業や開発・設計部門の人材である。現在営業部門に1人の現地人部長がいるが，今後役員クラスへの昇進を考えている。

⑥ コア人材の定着策

コア人材の定着策としては，給与・賞与の反映幅の拡大，裁量権の拡大，報奨金・奨励金制度が非常に有効である。

⑦ コア人材に対する考え方など

コア人材制度は，少し受け入れられる。制度の必要性は感じているが現状では実行が難しい。

事例2：消費材製造業B社

韓国人社長にヒアリングを行った。

① 企業概要

・事業内容：靴下製造業

・設立年度：2012 年
・企業形態：単独出資
・進出目的：第 1 位 安価な労働力，第 2 位 第三国への輸出，第 3 位 法律上・税制等の優遇措置（5 年間の法人税免除等）
・現地従業員数：400 人（うちホワイトカラー・ワーカー 17 人）
・管理職数：7 人（うち韓国人 5 人）
・役員数：2 人（すべて韓国人）

② コア人材の定義・充足度

　専門技術者や生産工程を上手く管理できる人材をコア人材としてみなしている。現在，役員クラスはやや不足と感じており，それ以外はすべてのクラスでかなり不足感を感じる。特に経験豊かなマネージャークラスが必要である。また，生産・技術部門の人材が非常に必要であり，総務・人事，財務・経理部門の人材がある程度必要である。

③ コア人材の採用・選抜

　コア人材の採用は，新聞・求人雑誌による採用，職業紹介機構を通じた採用，社員による紹介等が多い。

　コア人材の選抜要件は，第 1 に人柄（信頼性，誠実さ），第 2 に語学力（韓国語・英語），第 3 に専門性を重視している。

　コア人材になるかの最終決定は，現地会社の社長・役員が決定しており，決定時期は入社 1 年以内である。

　コア人材に求める能力は，リーダーシップ，情報機器を使いこなす能力，他人へのアピール能力，専門に関する深い知識，コミュニケーション能力，交渉力，部下に仕事を任せる能力，利益志向，部下を育成する能力，会社への忠誠度などがある程度必要である。

④ コア人材の育成・キャリア形成

　コア人材の育成策は，現在のところ特別な施策を行っていないが，将来は各種研修を実施したい。

　キャリア形成は，これまでも今後も一定年齢までに狭い範囲の職務を経験し，企業内スペシャリストを育成するキャリアパターンを考えている。コア人材は基本的には現場のマネージャーとしての役割が重要であると考えている。

⑤ コア人材の職種と評価・活用

コア人材は，各部門のマネージャークラスであり，特に生産・技術部門の人材である。

現地コア人材の昇進は今のところ役員クラスまでを考えている。

⑥ コア人材の定着策

コア人材の定着策としては，給与・賞与の反映幅の拡大，昇進・昇格のスピード，能力開発機会の拡充，報奨金・奨励金制度，社内公募制，表彰制度，福利厚生の充実等が有効である。

⑦ コア人材に対する考え方など

コア人材制度は，少し受け入れられる。過去の長期に渡る教育機会の不在で有能な人材の採用が困難な状況であり，近年同国の門戸開放による賃金急騰の課題も浮上している。

5.2.2　日系企業の人材育成の現状

ミャンマーにおける日系企業の人材育成については，長年共同研究でご指導頂いている和光大学の鈴木岩行教授が2014年2月に行った研究成果[1]から引用する形で紹介する。

事例3：機械関連業C社

日本人社長にヒアリングを行った。

① 会社概要
- 業種：機械製品（医療機械，建設機械・部品）代理販売業
- 設立年月：1996年12月
- 進出目的：第1位 現地市場，第2位 安価な労働力，第3位 情報収集
- 企業形態：単独出資
- 現地従業員数：14人（うちホワイトカラー8人）
- 管理職数：4人（うち日本人2人）

---

[1] 鈴木岩行「ミャンマーにおける日系企業のコア人材育成：11カ国日系企業との比較を中心に」『和光経済』和光大学，第47巻2号，2015年1月。

・役員数：3人（日本側3人，同社社長，本社会長・専務）

　社長は同社設立以前の1990年からミャンマーで事業を行っていた。90年代半ば日本本社（建設機械・部品製造業）社長と知り合い，本社製品の販売を始めた。その後，日本の医療機械会社から頼まれ，代理販売も行うようになった。現在同社の取扱高は医療機械が大半を占めている。

② コア人材の定義・充足度

　コア人材の定義は，経営トップの意向を理解して行動できる人，個人よりも会社の発展を優先し，リーダーとなれる人である。そのようなコア人材はかなり不足していると感じている。

③ コア人材の採用・選抜

　コア人材の採用は，新聞・求人雑誌等と職業紹介機構を通じた採用が非常に多い。

　コア人材の選抜要件は，第1に専門性と実行力である。医療エンジニアであるため，専門性は必須である。また，医療機械を販売するので実行力も必要である。第2に学歴である。医者や医学部の教授と話をすることになるので，相応の学歴は必要である。

　コア人材となるかの最終決定は，現地会社の社長が決める。決定までの期間は入社後1年～3年である。コア人材は知識・技術をもっているだけでなく，後輩を指導できなくてはならないので，このくらいの期間は必要である。

④ コア人材の育成・キャリア形成

　コア人材の育成施策として，社外の研修機関（日本の医療機関）への派遣を行っている。キャリアの形成は，これまでは人材不足のため，一定年齢まで狭い範囲の職務を経験し，企業内スペシャリストを育成する方法を行っていた。今後は一定年齢まで一つの職務で高度な専門性を身につけ，その分野のプロフェッショナルを育成する方法をとる予定である。その理由は，医療エンジニアは高度な専門性が要求されるだけでなく，生命にかかわる仕事なので，その分野のプロフェッショナルとなることが必要だからである。

⑤ コア人材の職種と評価・活用

　コア人材として，ミャンマーの病院に医療機械を販売できる営業職と，医療エンジニアは事業拡大とともに人数がいるので生産・技術職が必要である。昇

進は部長（GM）クラスがすでにいるため，部長クラスに昇進することは可能である。役員は将来出て欲しいと考えている。

⑥ コア人材の定着策

コア人材の定着策としては，給与・賞与の反映幅の拡大が非常に有効である。裁量権の拡大というよりは，役職（マネージャーなど）がついていることを好むので，入社後2年で役職につけることにしている。福利厚生については，かつてパーティーをしていたが，金銭でもらった方がよいとの意見があり，現在はしていない。しかし，必要性は感じているので，何をすべきか検討中である。

⑦ コア人材に対する考え方など

コア人材制度は，選抜のための基準作りや評価が難しく，コア人材の要件を満たす人材が少ないが，能力があるものをひきつける人材育成システムであるので，どちらかというと受け入れられると理解している。

コア人材を育成しても，後輩に知識・技術を伝え，指導するのが不得手な人が多い。そのため，真のリーダーシップをもった中間管理職の人材が不足している。

事例4：消費関連製造業D社

日本人会長にヒアリングを行った。

① 会社概要
・業種：縫製業（ヤンゴンにある工業団地内に所在）
・設立年月：2013年1月
・進出目的：第1位 安価な労働力，第2位 逆輸入，第3位 本社等関連企業との関係
・企業形態：単独出資
・現地従業員数：216人（うちホワイトカラー13人）
・管理職数：10人（うち日本人0人）
・役員数：3人（現地側1人，日本側2人：日本本社社長と会長）

同社は早くも1981年に中国・大連に進出し，工場を操業していたが，中国での人件費の高騰，日中間の政治的問題等があり，アジアで数カ国進出先を調

査し，社長の決断によりミャンマー進出を決めた。会長はカンボジア内のベトナム国境近くにある工業団地の方が良いと思った。なぜなら，インフラがベトナム並でミャンマーより良く，賃金はカンボジア水準であるためである。

② コア人材の定義・充足度

コア人材とは，経営全般を数字的に把握でき，人事管理ができる人で，社会的判断もできる人と考えている。

コア人材はかなり不足していると感じている。

③ コア人材の採用・選抜

コア人材は，新聞・雑誌などによる採用が非常に多い。他に日本にいるミャンマー人を日本で採用し，ミャンマーに派遣している。

コア人材を選抜するための要件は，第1にリーダーシップ，第2に人柄，第3に実行力，さらには問題解決力も必要と考えている。

コア人材として最終決定するのは，本社人事部であり，決定するまでの期間として入社後1～3年必要である。

④ コア人材の育成・キャリア形成

コア人材となるには，個々人が実地で経営能力，指導力を向上すべきだと考えている。人それぞれ違うので，決まった育成施策は取っていない。

コア人材のキャリア形成は，これまでも今後も一定年齢まで幅広い職務を経験し，将来の中核となる人材を育成する方法である。将来の幹部となる人間にはキャリアの幅が必要と考える。

⑤ コア人材の職種と評価・活用

2013年に設立されたばかりの同社にとって，コア人材はすべての職種で必要としている。

大連で30余年の海外事業の経験のある同社は，大連子会社の役員の3人中2人は中国人である。したがって，ミャンマーでも子会社の役員はもちろん，子会社の社長にも昇進させることは可能だと考えている。

⑥ コア人材の定着策

コア人材の定着策として，昇進・昇格のスピード，裁量権の拡大，報奨金・奨励金制度，表彰制度，福利厚生の充実が非常に有効と感じている。ただし，労働集約型の同社としては，ホワイトカラーのコア人材よりも現場労働者をい

かに多く集めるのかが重要である。すでにヤンゴン周辺では集めにくくなっている。

⑦ コア人材に対する考え方など

コア人材制度は，選抜のための基準作りが難しく，要件を満たす人材が少なく，またコア人材以外の社員のモチベーションが失われることはあるが，能力があるものをひきつけるシステムであるため，どちらかというと受け入れられると感じている。しかし，ミャンマーの現状では，コア人材よりも従業員全体の能力を向上させる方が必要だと考える。

5.2.3 コア人材育成の現状と特徴

ミャンマーにおける韓国系企業の事例からは，2社ともにコア人材が非常に不足しており，A社は営業・開発・設計部門，B社は生産・技術部門の人材を非常に必要としている。コア人材の採用方法は，社員による紹介が多いこと，選抜要件としては専門性を重視していること，昇進は役員クラスまでを考えていることが共通の特徴である。コア人材の定着策としては，A社は給与・賞与の反映幅の拡大，裁量権の拡大，報奨金・奨励金制度が非常に有効であるとみているが，B社は給与・賞与の反映幅の拡大，昇進・昇格のスピード，能力開発機会の拡充，報奨金・奨励金制度，社内公募制，表彰制度，福利厚生の充実等が有効であるとみている。コア人材制度は，A社は少し受け入れられるとしながら，制度の必要性は感じているが現状では実行が難しいと考えている。B社も過去の長期に渡る教育機会の不在で有能な人材の採用が困難な状況であるなか，コア人材制度は少し受け入れられると考えている。

ミャンマーにおける日系企業の事例からは，2社ともにコア人材がかなり不足していると感じており，C社はリーダーになれるコア人材が，D社は設立間もない企業なのですべての職種でコア人材を必要としている。コア人材の採用方法は，新聞・雑誌などによる採用が非常に多いことや，選抜要件としては実行力を重視していることが共通している。コア人材を決定するまでの時期も2社ともに入社後1年～3年である。現地コア人材の昇進は，C社は現在部長クラスがいるが，将来は役員になる人材が出てほしいと考えており，D社は現地会社の社長に昇進も可能であると考えている。コア人材の定着策としては，C

社は給与・賞与の反映幅の拡大が非常に有効であるとしており，D 社は昇進・昇格のスピード，裁量権の拡大，報奨金・奨励金制度，表彰制度，福利厚生の充実が非常に有効と感じている。コア人材制度は，C 社はコア人材の要件を満たす人材が少ないが，能力があるものをひきつける人材育成システムであるので，どちらかというと受け入れられると理解している。D 社は能力があるものをひきつけるシステムであるため，どちらかというと受け入れられると感じているが，ミャンマーの現状では，コア人材よりも従業員全体の能力を向上させる方が必要だと考えている。

韓国系2社と日系2社の事例からの特徴としては，韓国系 A 社と日系 D 社は経営者の意向を理解して強力にサポートできる人材をコア人材としてみなしている。韓国系企業が部長までの昇進を考えているが，日系企業においては，現地会社の役員や社長への昇進も考えている点も特徴である。

5.3 ベトナムにおける韓国系企業と日系企業

ベトナムは1986年のドイモイ（刷新）政策を掲げて以来，持続的な経済成長を成し遂げて，魅力的な投資地域として浮上した。また近年にはいわゆるチャイナリスクの回避という視点からも注目されてきている。同国は近年高い経済成長とともに中国や ASEAN 諸国市場への橋頭保として注目されており，魅力的な内需市場とともにメコン経済圏開発事業などによるインフラの改善が予想され，その成長潜在力はさらに大きくなる見通しである。

2007年のベトナムの WTO 加盟とともに諸外国の貿易および投資は一層活発になり，ベトナムの経済成長に伴う産業構造の高度化や消費市場の拡大により市場支配力の拡大のための競争が激しくなっている。比較的コスト競争力を持つ生産拠点としての役割とともに，成長しつつある魅力的なベトナム内需市場のため今後もさらなる外資系企業の進出や投資が予想されている。

世界からベトナムへの直接投資は，件数（2015年末までの累計）でみると，韓国（4970件），日本（2914件），台湾（2478件），シンガポール（1544件）が多い。投資許可額（2015年末までの累計）においては，韓国（45191百万ド

ル），日本（38974百万ドル），シンガポール（35149百万ドル），台湾（30997百万ドル）が多い。このような現状のなか，ベトナムへの主要な直接投資国である韓国と日本の企業の現地進出企事例を取り上げることにする。

5.3.1 韓国系企業の人材育成の現状

ベトナムにおける韓国系企業の人材育成に関しては，筆者が2008年に行った現地調査から2社を取り上げる。

事例5：消費材製造業E社

2008年8月に韓国人社長にヒアリングを行った。同社はハノイの北西部にあるフートー省に位置しており，この地域への進出を選んだのはベトナム国営紡績会社の存在をも考慮したことによる。

① 会社概要
・事業内容：縫製製品の製造・販売・輸出
・設立年月：1999年9月
・進出目的：第1位 現地市場，第2位 第三国への輸出，第3位 安価な労働力
・企業形態：単独出資
　進出当初は市場参入の有利な点から合弁（韓国側70％，ベトナム側30％）形態をとったが，意思決定の難しさなどもあり，2002年の機械などの増設を機に韓国側の単独出資に変更している。
・現地従業員数：250人（うちホワイトカラー5人）
・管理職数：4人（うち韓国人1人）
・役員数：2人（すべて韓国人）

　同社の社長は，現地経営においては責任と権限の移譲など現地化が重要であり，将来は現地従業員人に株式の配当を予定しており，ゆくゆくはベトナム企業になることだろうと考えている。また「ベトナムを愛する気持ちがなければ企業進出すべきではない」と考えている。

　同社は地域社会との交流に積極的であり，現地の韓国人有志とともに地域社会のためチャリティゴルフなどを開催している。そして，現地の伝統的な祝日

には，周辺の韓国系企業が生産している調味料セットなどを地域住民にプレゼントしている。
② コア人材の充足度

製造部門も含めた貿易管理なども統括管理できる役員クラスや一般職員クラスが不足している。部長クラス，課長クラス，管理部門のスタッフ，スペシャリストなどもやや不足を感じている。

進出当初は入社志望者が多かったが，周辺の大規模縫製工場の設立などの影響で全体的に人材不足の傾向にある。
③ コア人材の採用・選抜

新規学卒者の定期採用はあまりない。新聞，求人雑誌などによる採用や社員による紹介が多い。選抜要件でもっとも重視しているのは将来性であり，業種に関係なく重要であると認識している。2番目には営業力の強化や技術の移転などの側面において専門性が重視されており，3番目には問題解決力も重視している。

コア人材に対してはリーダーシップ，取引先とうまくやっていく能力，部下に仕事を任せる能力，国際感覚などを強く求めている。

コア人材の最終決定は現地会社の社長・役員が行っている。コア人材を決定する時期は入社後3〜5年の間である。最近は多くの外資系企業がベトナムに進出しており，現地人の就職先の選択幅が広がっているなかで企業の人材獲得競争が激しい。
④ コア人材育成とキャリア形成

コア人材を意識したキャリア形成を行っており，人材育成のための問題解決研修が有効であった。キャリア形成に関しては，これまで一定年齢までに一つの職務で高度な専門性を身につけ，その分野の社内プロフェッショナルを育成する方法だったが，今後もこの方法で進めていく方針である。

経営環境や従業員の待遇改善も視野に入れた試みとして韓国スタイルの押し付けではなく，達成可能なものを提案し，挑戦させる形の人材育成を行っている。
⑤ コア人材の職種と評価・活用

コア人材を必要とする職種としては，営業，財務・経理，生産・技術職で非

常に必要としている。昇進可能性は役員クラスまでを考えている。現在，年齢がかなり若いこともあって課長クラスにしているが，非常に優秀であるため実質役員クラスの待遇の人もいる。

ベトナムは冠婚葬祭における儒教的な色彩の強さなど，韓国とは互いに文化的に親近感があると思っている。ベトナムの人材の能力は高いと考えているが，現状では責任感の欠如の課題を抱えているので，この点の改善のための工夫と努力が必要と感じている。

⑥ コア人材の定着策

コア人材の定着策として給与・賞与の反映幅の拡大，裁量権の拡大，報奨金・奨励金制度，表彰制度，福利厚生の充実などがコア人材の定着策として非常に有効である。

優れた能力を発揮し，会社に対する貢献が大きい課長クラスの現地従業員の場合，会社や韓国政府関連機関の推薦で韓国政府から表彰された事例がある。これはコア人材の定着の効果があるとみている。また，社内にスポーツ施設を設けて，社員の健康管理や余暇活動にも力を注いでいる。

⑦ コア人材育成制度に対する考え方など

コア人材育成制度は積極的に受け入れられると考えている。

事例6：消費材製造業 F 社

2008年9月に韓国人管理職2名にヒアリングを行った。同社はホーチミン市の北西部のテイニン省に位置している。

① 会社概要

・事業内容：スポーツ関連用品（ゴルフバック）の製造・輸出
・設立年月：2007年4月

当初は中国の青島や東莞地域で工場を運営していたが，同地域のコスト上昇でベトナムへ移転を決めた。

・進出目的：第1位 安価な労働力，第2位 第三国への輸出，第3位 法的・税制等の優遇措置
・企業形態：単独出資
・現地従業員数：365人（うちホワイトカラー16人）

・管理職数：7人（うち韓国人6人）
・役員数：2人（すべて韓国人）
② コア人材の充足度

　コア人材は技術関連のスペシャリストがかなり不足しており，特に韓国人管理者との円滑なコミュニケーションが図れる人材が強く求められている。
　また，課長クラスもやや不足している。
③ コア人材の採用・選抜

　現地技術者は縫製学校など職業紹介機構を通じた採用が多い。
　コア人材の選抜には語学力，人柄，将来性の順で重視している。
　コア人材に対してはリーダーシップ，取引先とうまくやっていく能力，他人にアピールする能力，専門に関する深い知識，部下に仕事を任せる能力，コミュニケーション能力，部下を育成する能力，利益志向，国際感覚など幅広い分野にわたり強く求めている。
　コア人材の最終的な決定は現地会社の社長・役員が行っている。コア人材を最終的に決定する時期は入社1年以内である。
④ コア人材育成・キャリア形成

　現地従業員に対するコア人材育成策はあまり実施していないが，韓国人スタッフには多様な部門の職務を経験させるなど一定の育成策を行っている。
　コア人材のキャリア形成について韓国人スタッフの場合は，これまで一定年齢までに幅広い職務を経験し，将来の中核となる人材を育成する形であったが，今後は一定年齢までに一つの職務で高度な専門性を身につけ，その分野のプロフェッショナルを育成する方法検討する予定である。
⑤ コア人材の職種と評価・活用

　営業部門のコア人材を非常に必要としているが，その他の部門でもやや必要としている。営業部門は韓国人1名とベトナム1名が担当している。生産部門と資材部門にもベトナム人がそれぞれ1名ずつコア人材として働いている。デザイン部門の場合，中国での操業経験から中国人2名が受注先の図面に基づいた関連業務を行っている。昇進可能性は現地会社の役員クラスまで考えている。
⑥ コア人材の定着策

コア人材の定着策として昇進・昇格のスピード，能力開発機会の拡充，報奨金・奨励金制度，福利厚生の充実が非常に有効である。
⑦ コア人材育成制度に対する考え方など
コア人材育成制度は積極的に受け入れられる。

5.3.2　日系企業の人材育成の現状

ベトナムにおける日系企業の人材育成については，日本経済大学価値創造型企業支援研究所のアジアビジネス研究会で講演して頂いた和光大学の鈴木岩行教授が2007年3月にハノイ市で行った研究成果[2]から引用する形で紹介する。

事例7：機械関連製造業G社
① 企業概要
・設立年月：2002年4月
・事業内容：金型など部品製造
・進出目的：第1位 優秀で安価な労働力，第2位 第三国（韓国，台湾，タイ，中国）への輸出，第3位 関連企業との関係
・企業形態：単独出資
・従業員数：200人（うちホワイトカラー30人，作業現場のチームリーダー含む）
・管理職数：6人（うち日本人3人）
・役員数：3人（すべて日本人）
② コア人材の充足度
　コア人材はかなり不足しており，特に中間管理職（課長）以上のクラスが不足している。現場のチームリーダーもコア人材と考えている。
③ コア人材の採用・選抜
　操業開始時はセクションリーダーを新聞・求人雑誌により採用した。チームリーダーは，新規学卒者，就職紹介機構および社員による紹介で採用した高卒の現場作業員から選抜している。高卒からでもチームリーダーになれることは

---

[2] 鈴木岩行「ベトナム日系企業における人材育成」鈴木岩行・谷内篤博編著『インドネシアとベトナムにおける人材育成の研究』八千代出版，2010年。

社員のモチベーションになっている。

コア人材の選抜要件は，社内外での過去の実績，社内での実績，リーダーシップである。チームリーダーは仕事ができないと尊敬を受けられないため，実績が重要である。

コア人材として最終的に決定するのは，現地会社の社長・役員である。最終的に決定する時期は入社後3～5年である。

④ コア人材育成・キャリア形成

コア人材を意識したキャリア形成を行っている。コア人材を意識させるために，セクションリーダーには工業団地の管理組合が年1回3日間開催する管理者教育の講習会に参加させている。また，年2回の本社の予算会議に合わせて，セクションリーダーをインセンティブとして日本に派遣している。

キャリア形成に関しては，機械加工の現場が主なので，一つの職務で高度な専門性を身につけ，社内プロフェッショナルを育成する方法をこれまでとってきたが，今後は狭い職務を経験させるスペシャリストを育成するキャリアパターンにする予定である。

⑤ コア人材の職種と評価・活用

日本本社で開発・設計した図面に基づいて大量生産しているため，同社がコア人材として必要としている職種は，生産・技術職である。同社でのベトナム人の最高ポストは現在係長相当職であるが，1～2年後に課長クラスに昇進させたいと考えている。まだかなり先のことだが，部長クラスに昇進する可能性もある。

⑥ コア人材の定着策

コア人材の定着策として給与・賞与の反映幅の拡大が非常に有効である。報奨金・奨励金制度，福利厚生の充実も有効である。

⑦ コア人材育成制度に対する考え方など

コア人材を早期に選抜・登用する人事制度は，人が流動化するなかで有効な人材育成のシステムであり，能力がある者をひきつけるシステムであるので，どちらかというと受け入れられる。しかし，ベトナム人はよい査定をされ他人から目立つのを嫌がり，まだ若いのに昇進すると生意気だと思われ，軋轢が生じることがある。

事例 8：素材関連製造業 H 社
① 企業概要
・設立年月：1997 年 12 月
・事業内容：塩化ビニールシート製造
・進出目的：第 1 位 得意先の要請，第 2 位 現地市場（日系企業向け），第 3 位 安価な労働力
・企業形態：単独出資
・従業員数：210 人（うちホワイトカラー 30 人）
・管理職数：7 人（うち日本人 0）
・役員数：2 人（すべて日本人）
② コア人材の充足度
　ベトナム人は仕事を自分で抱えるか部下に丸投げするかどちらかで，部下に仕事を任せることができない，また技術を教えず部下を育てられないなど，マネジメントの意味がまだ理解できていない。このようにマネジメントできる人がいないため，部長クラス以上のコア人材はかなり不足している。
③ コア人材の採用・選抜
　採用はインターネットで募集し，応募してきた人に面接して決める方法である。日系企業の給与は高いので 1 人募集すると 10 ～ 15 人応募がある。管理職の半数はインターネットで採用した。コア人材の選抜要件として語学力（英語），リーダーシップ，実行力を重視している。
　コア人材としての決定は現地会社の社長・役員が行っているが，本社人事部の了解を最終的に得る。コア人材としてやっていけるかを見極めるには入社後 3 ～ 5 年は必要である。
④ コア人材育成・キャリア形成
　コア人材を意識したキャリア形成策として，候補者を中間的な管理職に置いている。
　キャリア形成は職務を一つだけ専門にするのではなく，担当部署を増やして狭い範囲でもいくつか経験させ，スペシャリストを育成する方法をこれまで行ってきたし，今後も続けるつもりである。
⑤ コア人材の職種と評価・活用

生産・技術職よりも総務・人事，財務・経理職で現地コア人材を非常に必要と考えている。現地コア人材昇進の可能性としては，現在は現地会社の部長クラスまでしかいないが，将来は現地会社の役員クラスもあるかもしれない。
⑥ コア人材の定着策
　コア人材の定着策としては，報奨金・奨励金のように仮に金額が大きくても散発的なものより，給与・賞与の反映幅の拡大の方が非常に有効である。その理由は年金額に関係するため，ベースの給料が上がることを従業員は，希望するからである。福利厚生の充実も有効で，食費の補助や5月初旬に行う2泊旅行の補助や年末のパーティーを行っている。さらには，2年前にできた労働組合に従業員の基本給の2％分を援助している。同社の労働組合には従業員の80％が参加しているが，委員長を会社側が指名できる。
⑦ コア人材育成制度に対する考え方など
　コア人材を早期に選抜・登用する人事制度は選抜のための基準づくりや評価が難しく，コア人材としての要件を満たす人材が少ないが，世の中の変化に対応でき，人材が流動化するなかで有効な人材育成システムであるため，どちらかというと受け入れられる。外部から来た人でもコア人材として受け入れられる。

5.3.3　コア人材育成の現状と特徴

　ベトナムにおける韓国系企業の事例からみると，コア人材の場合，E社は製造部門も含めた貿易管理なども統括管理できる役員クラスが不足しているなか，周辺の大規模縫製工場の設立などの影響で全体的に人材不足の傾向にある。F社は技術関連のスペシャリストがかなり不足しており，特に韓国人管理者との円滑なコミュニケーションが図れる人材が強く求められている。コア人材の採用方法は，E社は新聞，求人雑誌などによる採用や社員による紹介が多い一方，F社は職業紹介機構を通じた採用が多い。選抜要件としては，将来性を重視していることが共通している。コア人材を最終的に決定する時期は，E社は入社後3〜5年であるが，F社は入社1年以内である。コア人材の定着策としては，E社は給与・賞与の反映幅の拡大，裁量権の拡大，報奨金・奨励金制度，表彰制度，福利厚生の充実などがコア人材の定着策として非常に有効で

あるが，F社は昇進・昇格のスピード，能力開発機会の拡充，報奨金・奨励金制度，福利厚生の充実が非常に有効である。E社では，優れた能力を発揮し，会社に対する貢献が大きい課長クラスの現地従業員を会社や韓国政府関連機関の推薦で韓国政府から表彰された事例はコア人材の定着に効果があるとみている。コア人材制度は，E社・F社ともに積極的に受け入れられると考えている。

　ベトナムにおける日系企業の事例からは，G社・H社ともにコア人材がかなり不足しており，G社は中間管理職（課長）以上，H社は部長クラス以上がかなり不足している。コア人材の採用方法は，G社では操業開始時はセクションリーダーを新聞・求人雑誌により採用した。H社では採用はインターネットで募集し，応募してきた人の中から面接して決める方法である。選抜要件としてはリーダーシップを重視していることが共通している。コア人材を決定するまでの時期は2社ともに入社後3〜5年である。コア人材の育成について，G社はセクションリーダーには管理者教育の講習会に参加させることや，日本本社の予算会議に合わせてインセンティブとして日本に派遣している。H社はコア人材を意識したキャリア形成策として，候補者を中間的な管理職に置いている。コア人材の昇進は，G社は将来には部長クラスへの昇進の可能性があり，H社は役員クラスへの昇進の可能性があると考えている。コア人材の定着策としては，2社ともに給与・賞与の反映幅の拡大が非常に有効である。コア人材制度は，2社ともに人材が流動化するなかで有効な人材育成システムであるため，どちらかというと受け入れられると考えている。

　韓国系2社と日系2社の事例から共通点としては，コア人材を決定するまでの時期が入社後3〜5年であり，比較的長期になっている。コア人材の育成において，E社は経営環境や従業員の待遇改善も視野に入れた試みとして韓国スタイルの押し付けではなく，達成可能なものを提案し，挑戦させる形の人材育成を行っているのも特徴である。コア人材の定着策として，3社が給与・賞与の反映幅の拡大を非常に有効であると考えているが，韓国系のF社は給与・賞与の反映幅の拡大よりは昇進・昇格のスピードや能力開発機会の拡充などがより有効であると考えている。

5.4 コア人材の育成と人材の現地化

　企業は主に生産拠点の移転や市場開拓の目的で海外展開を行うが，海外に進出した際の様々な経営活動の中で，現地の人材育成は，重要な経営活動の一つであり，効果的に経営成果を上げるために力をいれなければならないものである。このように企業成長に欠かせない人材という経営資源の側面で特に育成を中心に考察してみたが，海外進出企業が抱えている人材育成の現状や課題などが浮き彫りになった。

　本章で取り上げた事例はごく少数の企業を対象にした調査であるため，調査結果を一般化することは困難である。しかし，ミャンマーやベトナム現地における主に中小の韓国系企業と日系企業の人材育成の現状をある程度把握できたことは有意義であったと考える。各企業は人材育成の重要性を認識しており，その必要性を実感しているが，様々な背景でコア人材制度の受け入れや実施には違いがうかがえる。

　ミャンマーは，世界中から新たな生産拠点の一つとして高い関心が寄せられている。しかし，法制度の未整備，不十分なインフラおよび製造基盤，政治的なリスクなど，構造的な脆弱性を抱えている。世界銀行が毎年発表しているビジネス環境ランキングでもミャンマーは189カ国・地域の中で167位（「ビジネス環境の現状2016：質と効率の評価（Doing Business 2016:Measuring Quality and Efficiency）」，2015年10月27日発表）であり，依然としてビジネス環境は厳しい状況だが，新たな生産拠点の魅力に加えて，人口5141万人（2014年9月，ミャンマー政府発表）の内需市場の魅力もある。また同国は中国，インド，バングラデシュ，タイ，ラオスなどと国境を接しており，地理的にも東南アジアと西南アジアを結ぶ物流の要衝地としても，その役割と効果が期待されている。

　ミャンマーにおける人材育成の現状を「コア人材」の観点から，ここで取り上げた4社の分析からはコア人材制度を活用できていない状況が浮き彫りになった。その理由として軍政期の長期間にわたる不正常な教育・ビジネス環境

が考えられる中，コア人材の育成よりも従業員全体の能力向上が先行されるべき事項であるという認識がうかがえる。軍政から民政に移行し，改革開放政策が実行されつつあるなか，いかにして効果的な教育とビジネス環境を整えていくかが今後の経済発展や活性化の実現に向けての試金石となると考えられる。

ベトナムはドイモイ政策を掲げて以来，持続的な経済成長を成し遂げている魅力的な投資地域として浮上したが，同国における人材の確保の面では，依然として中間マネジメント層の人材が薄い反面，同国の積極的な外資誘致の効果もあり諸外国からの投資によって外資系企業間競争も激しさを増している。各企業は競争が厳しくなる中での人件費上昇問題や労働力確保，現地化と人材育成および良好な労使関係の構築，現地市場開拓など様々な経営課題を抱えている。このような課題に取り組みながら，ベトナムだけでなく中国や周辺のASEAN諸国の内需市場も視野に入れた企業戦略が求められている。具体的には，賃金上昇問題に対しては設備投資による競争力の向上，優秀な人材の確保や労使紛糾の防止のためには，効果のある多様なインセンティブの提供，情報不足問題の改善のための多様なチャネルとネットワークの構築などの対策が必要であると思われる。

張（2014）の指摘のように，このような状況においては，必要な人材を随時中途採用するのが手っ取り早い方法かもしれないが，特に外資系企業については長期継続的な企業経営を考える場合，現地社会との共存共栄，地域貢献，人種や異文化を超えた協働が必要不可欠であり，そのためにもコア人材の育成，人材の現地化が重要である。

また，新井（2007）の指摘のように，企業は，その企業特性に合致した人材を選ぶとともに，確保した人材に対して適切なインセンティブを与えなければならない。人事面での戦略的なマネジメントシステムの構築や報酬の引き上げと対策のみならず，個々の人材を見極めたうえで，その人材に適した配置を行い，コア人材がやりがいを感じ，そのミッションを追求できるマネジメントや場づくりをしていく必要があるだろう

以上の内容を踏まえながら，各企業は社内外の専門家を活用して人材育成の現状を把握するとともに，自社に適したコア人材の育成制度の構築・運営を通じて企業のさらなる発展を図っていくことが重要であろう。

参考文献

［1］新井祥子（2007年7月号）「コア人材の確保・定着のための戦略―コア人材の視点から―」『NRIパブリックマネジメントレビュー』野村総合研究所, vol.48。
［2］井上忠（2015年3月号）「中小企業の海外事業展開による人材確保・育成についての課題」『商大ビジネスレビュー』兵庫県立大学大学院経営研究科, pp.21-22。
［3］上林憲雄・平野光俊・森田雅也編（2014）『現代人的資源管理―グローバル市場主義と日本型システム―』中央経済社, pp.1-3。
［4］菊池敏夫・太田三郎・金山権・関岡保二編著（2012）『企業統治と経営行動』文眞堂, pp.155-164。
［5］佐藤博樹・玄田有史編（2003）『成長と人材―伸びる企業の人材戦略―』勁草書房, p.9, pp.21-22, p.29, pp.31-32, p.59。
［6］鈴木岩行・谷内篤博編著（2010）『インドネシアとベトナムにおける人材育成の研究』八千代出版。
［7］鈴木岩行（2015年1月号）「ミャンマーにおける日系企業のコア人材育成：11カ国日系企業との比較を中心に」『和光経済』和光大学, 第47巻2号。
［8］張英莉（2014年3月号）「在モンゴル中国企業の人材育成」『東西南北2014』和光大学総合文化研究所, p.92。
［9］服部治著（2016）『海外日系企業の人材形成とCSR』同文館出版, pp.35-36。

（黄　八洙）

第 6 章

成功に導く東アジア進出戦略

　日本企業が海外へのビジネス展開を加速させる中で直面した課題は少なくない。

　本章は，特に日本の中小製造企業による成長が著しい東アジア新興国への事業展開に焦点を当て，理論研究と現地調査の結果を踏まえ，中小企業の東アジア新興国のビジネス環境変化への対応および取るべき戦略・対策を考察するものである。具体的には，企業経営の基本活動である製造・販売・技術の視点から日本の中小製造企業の海外進出と発展を分析し，国際企業に育てていくための海外進出戦略を考察した。

　海外進出の動機は千差万別であるが，われわれの調査でのヒアリングによれば，海外進出のきっかけとしては大手取引先の海外進出に伴って，進出を要請されたという事情が最も一般的である。このほか，労働集約型の業種でより安価な労働力と廉価な製造コストを求めて，あるいは，労働人口の減少が加速したことにより，日本での人手不足への対処として進出した中小製造企業も多かった。今後新たに海外進出する中小製造企業が成功するためにどのように進出先を選択するか，どのような国際戦略を展開すべきか，最低限の要件として以下の3つにまとめた。

1. 中小製造企業においては，海外進出を単なる下請け脱出ではなく，下請けから国際企業への好機と捉え，経営戦略と計画を準備して進出すべきである。
2. 大企業に比べて経営資源が劣る中小製造企業が海外進出する前に十分な情報収集と多面的検討を行い，公的な支援機関や民間の海外展開支援などを最大限に活用しながらも自立の強みを生かし，リスクテイク型の計画を進めていく必要がある。

> 3．信頼できるビジネスパートナーの確保は事業成功の大きなカギとなる。

6.1　中小企業の国際化理論と海外展開支援

　今日，国内市場の縮小や新興国の需要伸張などにより，日本企業が海外市場の成長をいかに取り込むかが大きな命題となっている。大企業だけでなく中小企業においても海外需要を取り込むため，成長著しいアジア諸国へ海外展開が拡大する傾向にみられる。

　海外展開には，大きく分けて「輸出」と，海外に子会社を持つ「投資」がある。中小企業にとっては，海外展開に関わる情報・ノウハウの不足や，人材・パートナーの不足，海外業務の経験といった制約要因があるため，新興国ゆえにビジネス環境は急速に変化している状況では，政府の支援施策などを活用し，様々な課題・リスクを見極めつつ，海外展開に取り組むことが求められる。

　中小企業の海外進出目的を分類すると，「取引先追随型」，「コスト削減型」，「市場開拓型」の三つに分類することができる。前の二つが主に海外での生産を目的とするのに対し，「市場開拓型」は，成長する進出先のマーケットの開拓により，自社製品を販売することを主な目的として海外進出を行うケースである。

　経営戦略分野においては，ポーター（Porter, 1998）のポジショニング論とバーニー（Barney, 2002）のリソース・ベースト・ビューが多く議論されている。また，能力ベース理論，知識ベース理論など多くの研究成果も蓄積されている。ポーターは，企業が属する業界での競争を重視し，優位な地位を築くための戦略提示を行った。一方，バーニーは，企業の内部資源に着目し，競合他社が真似できないような経営資源の蓄積により競争優位が生まれ，それが利益の源泉になると主張した。

　ポジショニングとは，自社が市場で，どのような立場（ポジション）で競合

他社と競争するかを決めることである。特に下請業務が中心の企業は、競争優位を形成するポジショニングアプローチは有効ではない行動と考える。

バーニーの『企業戦略論』において、経営資源、ケイパビリティが企業の強みなのか弱みなのかは、経済価値（Value）（その企業の保有する経営資源やケイパビリティは、その企業が外部環境における脅威や機会に適応することを可能にするのか）、希少性（Rarity）（どのくらい多くの競合企業が、その特定の価値ある経営資源やケイパビリティをすでに保有しているか）、模倣困難性（Inimitability）（ある経営資源やケイパビリティを保有しない企業は、その獲得に際し、それをすでに保有する企業に比べてコストの面で不利であるか）、組織（Organization）（自社が保有する経営資源やケイパビリティがその戦略的ポテンシャルをフルに発揮するように組織されているか）の4つの問いかけにより判断できることが示されている。中小企業は大企業に比べて、乏しい経営資源を有効に活用する必要があり、戦略の立案から実行までの経営全般において、経営者の個人の考えや意思決定が大きく影響すると考えられ、大企業を中心に発展してきた国際経営理論を中小企業に適用するのでは、中小企業の企業行動をうまく捉えられない可能性がある。中小企業を対象とした分析の視点とするには、あらためて中小企業の特徴を考慮することが必要となる。

海外直接投資をその投資目的に応じて整理すると、伝統的な国際経済理論では、直接投資は水平的直接投資と垂直的直接投資の2つに分類される。前者は、広義の輸送費を節約するための直接投資として定義され、現地市場に製品を販売することを目的としている。一方、後者は、労働集約的な生産工程を低賃金国に移転させることによる生産コストの削減を目的とした直接投資であり、国内では高付加価値の中間財を生産し、海外子会社が組立作業などの最終工程を担うといった形の国際分業が行われる。

企業の海外進出にあたって、企業自身の要因や投資先国の特性などについて検討する必要がある。特にダニング（Dunning, 1981）の「折衷理論」は、海外生産をはじめとする海外直接投資を説明する包括的なフレームワークとして、所有特殊的優位（ownership-specific-advantage）、内部化優位（internalization-advantage）、立地特殊的優位（location-specific-advantage）の3つの要素を取り上げていた。

6.1 中小企業の国際化理論と海外展開支援

　日本企業は，プラザ合意後の円高を契機に，東アジアを中心に生産拠点の海外移転を進めてきた。小島（2003）の東アジアの雁行型経済発展論でも，国際的伝播は日本→ NIEs → ASEAN →中国といった順序で実現されたことが証明されている。近年，日本の中小製造企業は，東アジアを中心に，中間財の輸出入の拡大を伴いながら海外生産を拡大させており，直接投資の好例であると分析されている（松浦ら，2008）。

　国際化企業は，国際化を行っていない中小企業（以下「非国際化企業」という）と比較して，平均的に労働生産性が高く，売上高経常利益率や自己資本比率などの各種指標も良いことが確認されている（『中小企業白書』（2004 年版）p.138，（2008 年版）p.116 および p.124 参照）。また，国際化を開始する企業は，国際化前の労働生産性が国際化していない企業と比較して高く，国際化開始後に労働生産性がさらに向上する可能性があると分析されている（『中小企業白書 2010 年度版』，p.163 参照）

　天野（2005）は東アジア全体の「国際分業」という視点から国際化戦略を企業成長の過程として位置づけ，日本企業にとって，優位性を失った業務分野を後発国にシフトさせて立地適正を回復させるとともに（天野 2005，p.66），国際分業は本国事業の再編と事業全体の効率化を図る転機であると主張している。

　アジアには，技術に優位性を持つ国や低コストの労働力の豊富な国など多彩な国が存在している。日系製造業にとって重要な地域となっており，その生産活動や販売・調達を通じた東アジア内での生産ネットワークが域内で形成されている。日系製造業をはじめとする企業の海外展開と，これに伴う活発な販売・調達活動により，域内で中間財，域外に対して最終財を日本，中国などへ輸出する貿易構造となっている。（『通商白書』2012，p.190）すなわち，アジア進出の戦略的行動は生産コスト，市場，インフラ整備（制度，施設），そしてリスク（政治的，経済的，社会的）などの要因が考えられる。

　政府および関係機関より，現在多くの中小企業支援策が打ち出されている。2010 年 10 月，経済産業大臣が主宰する「中小企業海外展開支援会議」が発足し，「中小企業海外展開支援大綱」（2011 年 6 月），「中小企業経営力強化支援法」（2012 年 6 月）が策定された。「中小企業海外展開支援大綱」（2012 年 3 月

改訂）では，情報収集・提供，マーケティング，人材育成・確保，資金調達，貿易投資環境の改善を支援の柱として挙げており，政府関係機関，中小企業者は，明確に目的を共有しつつ，協働して政策効果の最大化を図るとしている。また，政府の成長戦略の柱となる「日本再興戦略－JAPAN is BACK」（2013年6月14日）において，今後5年間で新たに1万社の海外展開を実現する目標を策定し，中堅・中小企業向け海外展開支援体制の強化などを打ち出している。

　海外展開の支援をしている機関は，（独）中小企業基盤整備機構（以下，「中小機構」という），ジェトロ，商工会・商工会議所など，数多く存在している。海外ビジネスに関する基礎的情報や実務ノウハウ，海外バイヤーとの商談機会などを提供し，年間100億円以上の中小企業・小規模事業者海外展開支援事業（『中小企業白書2006年度版』，第4章）の予算を組んでいる。

　たとえば，ジェトロは，海外販路や技術などを有する外国企業とのマッチングやASEANなどでの展示会・商談会の開催などを通じて，海外販路開拓を支援するとともに，海外での法務・労務などの課題解決や移転・撤退などの支援を行っている。また，中小機構が海外展開を目指す中小企業の裾野拡大のため，経験の少ない中小企業に対し，海外展開戦略策定支援や商品パンフレットの外国語対応支援など海外展開に向けた準備支援を実施するとともに，多数の海外バイヤーが訪れる国内見本市における支援を実施している。

　そのほか，経営・製造などに従事する開発途上国の管理者・技術者などに対し，官民連携の下，日本への受入研修，専門家派遣による指導などの支援を実施している。

6.2　東アジア進出におけるリスクマネジメント

　企業は国境を超え事業を展開する際，様々な問題に直面することになる。「リスク」という言葉が使われており，多様なビジネスリスクを管理するためには，リスクマネジメントという技法（日本規格協会，2012）がよく知られている。

国際標準化機構（ISO：International Organization for Standardization）あるいは日本工業規格（JIS：Japanese Industrial Standards）によれば，リスクは"目的に対する不確かさの影響"と定義されている。国際標準規格 ISO 31000（Risk management Principles and Guidelines: リスクマネジメント－原則および指針）では，リスクマネジメントを"リスクについて，組織を指揮統制するための調整された活動"と定義している。さらに ISO 31000 では，リスクが目的に対して影響を与える不確かさの結果，好ましくない影響だけではなく，好ましい影響もあることを定義している。リスクマネジメントは組織目標を達成する手法として適用されることになった。

ISO 31000 におけるリスクの定義を，図表6-1 に示す。リスクは「プラスもマイナスも無い中立的な表現とされている；リスクの本質は不確かさにある；リスクを組織の目的達成に影響を与える要素と捉える」である。

リスクマネジメントプロセスとしては，最初に実施するのが「置かれている状況の確定」である。次に，「リスクアセスメント」と呼ばれる「リスク特定」，「リスク分析」，「リスク評価」の3つのステップで，最後は「リスク対応」を行う。リスク対応を行った後にその結果が十分な効果を発揮できているかについてモニタリング，つまり継続的な状況把握・監視を行い，さらに責任者や関係者がレビューを行い，リスクに応じた必要なサイクルでこれらのステップを

図表6-1　ISO 31000 におけるリスクの定義

リスクの定義	目的に対する不確かさの影響
注記1	影響とは，期待されていることから，好ましい方向および／または好ましくない方向に乖離することをいう。
注記2	目的は，たとえば，財務，安全衛生，環境に関する到達目標など，異なった側面があり，戦略，組織全体，プロジェクト，製品，プロセスなど，異なったレベルで設定されることがある。
注記3	リスクは，起こり得る事象，結果またはこれらの組合せについて述べることによって，その特徴を記述されることが多い。
注記4	リスクは，ある事象（周辺状況の変化を含む。）の結果とその発生の起こりやすさとの組合せによって表現されることが多い。
注記5	不確かさとは，事象，その結果またはその起こりやすさに関する，情報，理解または知識が，たとえ部分的にでも欠落している状態をいう。

出典：ISOGuide73：2009，p.2 より引用。

繰り返し行う。この全体の活動を支えるのがコミュニケーションおよび協議であり，必要に応じてその都度実施する（指田，2010）。

　企業の海外進出には様々な形態があり，特に業種や進出の目的，進出先の投資関連法制を考慮した上で適切な進出形態を選ばなければならない。一般に，中小製造企業は海外進出を行う際に，事業計画の策定はもとより，資金調達，人事・労務管理，品質・生産管理，知的財産権の保護，信頼できるパートナーの確保といった課題に直面する。ここでは，東アジア諸国へ事業進出における中小製造企業のリスクマネジメントについて論じる。

6.2.1 多種多様な海外リスク

　海外進出には，日本では想像できないような多種多様なリスクが存在する。政治，経済，社会や法制度，文化の違いなど外部環境から生じるリスクもあれば，調達・製造・物流・販売に関連する主業務に関するリスク，または人事や労務，法務，税務など支援業務に関連するリスクもある。さらに多くの発展途上国では，必要とされるインフラが未整備の状態にある。海外で想定されるリスクを大別すると図表6-2に示す通りである。

　中小企業庁の委託調査（三菱UFJリサーチ&コンサルティング(株)「海外展開による中小企業の競争力向上に関する調査」2011年11月）によると，生

図表6-2　海外ビジネスに伴うリスクとその例

カントリーリスク	自然災害，戦争・内乱，為替変動，制度変更　など
信用リスク	一方的な契約破棄，取引先の不払いや倒産　など
事故リスク	火災，爆発，漏えい，漏電，交通事故，海難事故　など
不法行為リスク	知財侵害，盗難，テロ，誘拐，製品の欠陥，贈収賄　など
コンプライアンスリスク	国内・現地の法令・規制や国際条約の違反など
インフラリスク	停電，システムダウン，ライフラインの途絶など
労務リスク	ストライキ，デモ，ジョブホッピング，労働災害　など
環境リスク	汚染，廃棄物，国内・現地の環境規制等の違反　など
健康リスク	風土病，駐在員や現地スタッフの病気・けが　など

出典：東京海上日動（2012），中小企業の海外展開（9）危機管理とリスクマネジメントをもとに作成。

図表6-3 現地生産拠点保有企業（n=892）が直面している事業環境面の課題・リスク

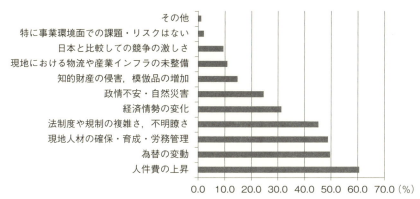

出典：三菱UFJリサーチ＆コンサルティング（2011）「海外展開による中小企業の競争力向上に関する調査」をもとに作成。

産拠点としての現地法人が直面している事業環境面の課題・リスクとして，「人件費の上昇」，「為替の変動」，「現地人材の確保・育成・労務管理」，「法制度や規則の複雑さ，不明瞭さ」等が上位に挙げられている（図表6-3）。海外進出の際の課題・リスクとしては，現地人材の確保，育成，労務管理や，品質管理，法制度への対応といった経営上対応すべきものが多く指摘されている。また，為替を始めとする経済情勢の変化や，政情不安・自然災害に対して，それぞれの企業の取組で対策を講じることが必要である。これらについては予め可能な情報を収集し，進出に当たって万が一の場合も想定して取組を進める必要がある。

6.2.2 進出先の立地選択と経営上のリスク管理

近年，日系企業の新たな海外進出先として，中国以外の東アジアの国・地域への投資の分散化傾向がみられる。その背景としては，中国における人件費の上昇，政治的要因と労働争議の頻発といった「チャイナリスク」が挙げられる。中国でビジネスを行う企業は，中国以外の別の国に投資を分散し，「チャイナプラスワン」（加藤，2007）と呼ばれる経営戦略が構築するようになってきている。

ASEAN地域内でも全網羅的に生産拠点を配置するのではなく，生産性の高い地域に拠点を集約化している。たとえば，テレビなどのAV機器はマレーシア，乗用車はタイやインドネシアに拠点が集積している。現在，ベトナムには150以上の工業団地が設立され，北部ではエレクトロニクス関連企業の集積が進んでいる。税制上の優遇措置に関しては，ハイテク分野は享受可能であるが，輸出加工企業への優遇措置は廃止される予定である。また，長らく鎖国および経済制裁を受けていたミャンマーは，2012年4月以降，日系企業による現地進出が増え，特に縫製業がCMP（Cutting, Making and Packingの略）と呼ばれる委託を受けて加工する形態で投資，進出している。外資企業は貿易業が認められていないため，ミャンマー国内に現地販売法人は設立できず，代理店を介して販売する必要がある。また，産業インフラが脆弱で，特に電力が大幅に不足していることから，新工場設立は難しい。日本と官民で共同開発を進めてきたティラワ工業団地が注目されているが，中小製造企業にとっては初期投資の観点で，単独で進出するにはハードルが高い。

　世界銀行グループは，開業，建設許可取得，電力受給，不動産登記，資金調達，投資家保護，納税，貿易，契約執行，破綻処理の10項目を指標として取り上げ，その国の企業のライフサイクルを通じて適用される規制を分析し，事業運営の難易度を示す「ビジネス環境の現状」報告書を発表している。

　このレポートはビジネス環境の全側面からの評価はできないが，ビジネスのリスクを考える上では参考になる。2016年10月発表の『ビジネス環境の現状2017』（Doing Business 2017）のランク付けでは，日本の34位に対して，カンボジアは131位（前年128位），ラオス139位（前年134位），ミャンマー170位（前年167位）と低い評価に留まっている。周辺国は，タイ46位（前年49位），中国78位（前年84位），ベトナム82位（前年90位）となっている。各国の規制は改善されて事業運営がしやすくなってきたが，カンボジア，ラオス，ミャンマーなど発展途上国のリスクはまだ高いことが分かる。

　ジェトロは，アジア発展途上国の投資環境面のリスクについて，17項目を例示して，どの国のどの項目をビジネスリスク・問題点として捉えているかアンケート調査を実施している（図表6-4）。経営上の問題点としては，「従業員の賃金上昇」を挙げる企業が全体で7割を超え最も多かった。次いで「競合相

図表6-4 発展途上国ビジネスにおけるリスク・問題点（上位5項目，複数回答の順位）

	中国	(%)
1	従業員の賃金上昇（n=962）	83.9
2	従業員の質（n=962）	55.6
3	競合相手の台頭（コスト面で競合）（n=961）	53.7
4	品質管理の難しさ（n=598）	53.7
5	限界に近づきつつあるコスト削減（n=598）	47.5

	タイ	(%)
1	従業員の賃金上昇（n=635）	70.2
2	品質管理の難しさ（n=367）	52.0
3	従業員の質（n=635）	50.4
4	競合相手の台頭（コスト面で競合）（n=636）	47.8
5	主要販売市場の低迷（消費低迷）（n=636）	42.5

	ベトナム	(%)
1	従業員の賃金上昇（n=445）	74.4
2	原材料・部品の現地調達の難しさ（n=279）	70.3
3	通関等諸手続きが煩雑（n=434）	61.1
4	品質管理の難しさ（n=279）	50.2
5	従業員の質（n=445）	49.0

	ミャンマー	(%)
1	従業員の賃金上昇（n=50）	68.0
2	電力不足・停電（n=9）	66.7
3	対外送金に関わる規制（n=50）	62.0
4	通関に時間を要する（n=50）	56.0
5	原材料・部品の現地調達の難しさ（n=9）	55.6

出典：ジェトロ「在アジア・オセアニア日系企業実態調査」（2014）をもとに作成。

手の台頭（コスト面で競合）」となっている。中国とアジア主要国の上位5項目を比較してみると，中国とタイ，ベトナムで共通した問題点が多いことがわかる。

近年，東アジア諸国は全国一律最低賃金引き上げの取り組みが大きく広がっている。中国は1996年に最低賃金制度を導入した。中国政府は高成長のなか

で貧富の格差が拡大していることを憂えており，最低賃金制の役割が重視された。全国一律制度ではなく，政府直轄地のほか，省や自治区など地方政府の労務管理局が経済状況に応じて決めている。たとえば，中国上海市の法定最低賃金は，これまでの 2020 元から 2016 年 4 月に 2190 元に引き上げられ，引き上げ率は 8.4% となっている。

マレーシアの最低賃金制度は 2013 年に導入され，2015 年 10 月に法定最低賃金の改定が発表された。2016 年 7 月からマレー半島で現在の月額 900 リンギから 1000 リンギ（約 235 米ドル）へ引き上げされている。生活支援策の一環として最低賃金の引き上げが掲げられ，次回は 2018 年に見直される見込みである。

ベトナム政府は，2016 年 1 月 1 日からの法定最低賃金を発表した。エリア 1 が 350 万ドン，エリア 2 が 310 万ドン，エリア 3 が 270 万ドン，エリア 4 が 240 万ドンで，引き上げ幅は 11.6〜12.9% となっている。

カンボジアの縫製業労働者の法定最低賃金は，2014 年の 100 米ドルから 2015 年の 128 米ドル，そして 2016 年 1 月には 140 米ドルに引上げられていた。

ミャンマー政府は，全国一律日額 3600 チャット（約 3 米ドル）の法定最低賃金を 2015 年 9 月 1 日に導入した。月額に換算すると，2015 年 83 米ドルから 2016 年 91 米ドルになる。

実際，企業サイドの支払人件費としては，この他に社会保障費の負担などもある。こうした世界各国の動きを見ると，格差と貧困問題と経済発展に処するため，進出国の労働コストは上昇し，当初低賃金労働の獲得を目的に進出した企業は，もはや比較優位性がなくなってくる。また取引先に追随して海外進出した中小企業を取り巻く環境は業界再編や取引先の事業環境の変化によって，一段と厳しくなりつつある。

東アジア新興国が日系製造企業の海外進出先として重視されている中で，経営者はグローバル対応のマインドセットを持ち，リスクテイク型の海外進出をすべきと考える。

6.3 インタビュー調査による企業事例

　海外進出の動機は千差万別であるが，平成24年度から28年度の5年間にわたり，東アジア8カ国（中国，韓国，モンゴル，タイ，マレーシア，ベトナム，カンボジア，ミャンマー）約100社以上で行った調査でのヒアリングによれば，海外進出のきっかけとしては大手取引先の海外進出に伴って，進出を要請されたという事情が最も一般的である。このほか，労働集約型の業種でより安価な労働力と廉価な製造コストを求めて，あるいは，労働人口減少の加速による日本での人手不足への対処として進出した中小製造企業も多かった。従来のような単なる人件費や原材料など製造コスト削減の対応だけでなく，企業の生き残りと発展をかけて最適生産体制を狙ったり，新規市場を開拓したりするような中小企業が増えてきている。このような企業経営の基本活動である製造・販売・技術の視点から日本の中小製造企業の海外展開の変化の事例を見てみる。

事例1： 国際企業を目指す雑貨・縫製加工企業（中国，ミャンマー）
　ゴールデンバーグ株式会社（本社：東京都中央区／代表取締役社長：金沢秀憲）は，2005年設立で中国広東省・吉林省，ミャンマー・ヤンゴン，バゴーに工場を持ち，生活雑貨品の縫製加工，樹脂成型などを手掛けて，チャイナリスクを考えた先にある製造拠点を積極的に海外展開することで国際企業になった。
会社概要：
・企業名：ゴールデンバーグ株式会社（ミャンマー）
・設立：2005年11月
・代表者：金沢秀憲
・従業員数：日本12名・中国150名・ミャンマー400名
・資本金：1000万円（中国法人：200万USD）
・日本本社：〒103-0002　東京都中央区日本橋馬喰町 1-13-12

・事業内容：総合貿易商社：生活雑貨，プラスチック製品，生活用品，雑貨，ノベルティー商品，アクセサリー，皮革製品など
・事業所：東京本社／東京都中央区日本橋馬喰町 1-13-12
　　　　　中国現地法人／広東省長安（中国）
　　　　　工場／広東省（中国），ヤンゴン／バゴー（ミャンマー）
・沿革
　2002 年 8 月　　中国広州にオフィスを開設　貿易業開始。
　2005 年 11 月　　日本東京にて輸入商社として設立。
　2006 年 11 月　　香港・中国現地法人設立。
　2007 年 2 月　　中国で製造業を開始。
　2007 年 5 月　　日本法人設立。
　2012 年 4 月　　ミャンマー法人を設立，ヤンゴン工場縫製業を開始。
　2014 年 9 月　　ミャンマー・バゴーにて工業団地の創設。
　2014 年 9 月　　ミャンマー・バゴー JAPAN INDUSTRIAL PARK（日本企業専用工業団地）にてプラスチック射出成型部門が稼働開始

　創業者の金沢社長は，中国語，韓国語も堪能で，2002 年に単身で中国の広東省にわたり，貿易業をはじめた。2006 年には中国の広東省東莞市で工場を立ち上げた。中国で順調に生産が拡大していく一方で，現地の人件費上昇により，2012 年 4 月にはミャンマーに工場を立ち上げ，2012 月 6 月からヤンゴン工場にて生活雑貨の縫製業を開始した。

　ミャンマーへの生産移管製品は，基本的に人件費に依存する製品を優先対象としている。たとえば縫製関連の製品でも，材料費の比率が高いものは中国工場で生産し，ミャンマー生産の対象にはならない。また，中国工場から技術者を派遣し，中国語の通じるミャンマーの華僑が生産現場を管理し，中国工場の生産技術をミャンマーで展開している。これらの製造プロセスに対応するために，プラスチック製品等の樹脂金型成型品や，シリコン射出成型部品，ブロー成型部品，金属加工製品，電子製品組み立てなど設備を所持し，多機能型の工場を運営している。

　現在は，中国そしてミャンマーで日本のメーカーからの委託生産を受けている。2014 年，ミャンマー南部バゴー市近郊に約 40ha の用地を確保し，ミャン

図表 6-5　ミャンマー・日本企業専用工業団地

工業団地名称	JAPAN INDUSTRIAL PARK（日本企業専用工業団地）
立地	ヤンゴン市からの距離：57km
	ヤンゴン国際空港からの距離：22km
	ヤンゴン港からの距離：80km
住所	Myanmar. Bago Township Intakaw Industrial Estate
総開発面積	第一期：2015 年　40 万 m^2
	第二期：順次拡張計画発表
運営・開発事業主	GOLDENBERG BAGO DEVELOPMENT CO.,LTD
	（GOLDENBERG MYANMAR INTERNATIONAL）
出資事業主	GOLDENBERG CO.,LTD（JAPAN）
入居企業予定数	40 社前後
リース期間	2015 年～2064 年
工場賃貸面積	1,000m^2～20,000m^2
電力インフラ規模	10MGW　変電所より供給　※安定した電力供給可能
工業用水インフラ	上水 900,000L ／日（供給キャパ）200,000 ガロン ※ 2014 年時点

出典：ゴールデンバーグ社ホームページ（2017.5.10）

マー初の日本の中小企業向け民間サービス工業団地の運営を始めた。土地や建屋を賃貸するほか，自己投資で金型工場や成型工場も建設することで金型製造なども請け負うこともできる。2017 年 4 月に第二期 2 万 m^2 の増設を開始した（図表 6-5）。

　ゴールデンバーグ社は，社長が自身の言語力（日，中，韓）を生かし，中国華僑系のネットワークに乗り込み，政府関係者とのコネクションもあり，信頼できる現地のパートナーとの WIN-WIN 関係を構築したことで現在までのビジネスを拡大してきたといえる。また中国で人件費が比較的安い東北の吉林省の延吉も視野に，中国・ミャンマーにて製造事業の展開を通じて，日本企業の開発力を高め，ビジネスを制する国際企業になったわけである。

事例 2：技術開発型のグローバル企業を目指す精密プレス製造企業（タイ）
会社概要：

・設立：2011 年 2 月
・従業員数：200 名（日本人 5 名）
・資本金：90,000,000THB
・日本本社：長野県諏訪市
・事業内容：精密プレス部品製造，精密プレス金型製造，組立製品製造
　取扱品目：カメラ映像関連，自動車関連，コア電子デバイス関連のプレス部品
・事業所：タイ現地法人／タイ　アユタヤ県　ロジャナ工業団地

　A 社は長野県諏訪市に本社を置く精密金属加工企業の 100％出資により 2011 年に創業された。精密金型製造，精密プレス部品加工を中心に日本で培った精密金型および塑性加工，表面処理，CAD/CAM システムに対する精密金属加工の技術提案と製品製造を行う企業である。主力製品は精密機器，デジタル家電，自動車，スマートグリッド，医療機器などの分野に使われ，時代の最先端の製品開発に向けて新工法・要素技術開発に注力している。高精度・高品質な金型製作により，塑性加工の開発から生産まで実現可能な技術開発型企業である。

　経済のグローバル化の進展により，企業の生産拠点と販売拠点が世界各地に広がり，一つの製品のサプライチェーンが複数の国や地域をまたがっていることが常態化している。大手取引先の海外進出に連れて，2011 年 2 月タイに現地法人を設立した。

　モノづくりの歴史の中でも，精密プレス部品の製造は比較的歴史が長い。当社はプレスに専念して，新しい発想による新工法の開発を 20 年以上前から続けている。

　グループ会社である日本本社，関連会社の CAD/CAM 設計や後工程のメッキ技術，制作工法を武器に，アジアにおける精密プレス部品製造や精密プレス金型製造，組立製品製造を主要な事業として，自動化により生産性を 2 倍に実現し，国内よりもさらに厳しい精度やコストパフォーマンスが求められているグローバル企業に相手に，精密プレス部品ビジネスを拡大している。

事例3：労働力確保と成長市場を求め海外進出釣具製造企業（ベトナム，中国）
会社概要：
・設立： 1980年12月
・日本本社：埼玉県入間市
・現地法人：ベトナムと中国
・事業内容：釣具の製造および販売
・沿革
　1980年　日本本社設立
　1980年　釣糸ブランド立ち上げ
　1990年　事業拡張により，埼玉県へ本社移転
　2007年　ベトナム現地法人設立
　2008年　釣餌ブランドを吸収，事業開始
　2012年　中国現地法人設立

　釣具の製造および販売しているB社は，自社ブランドを主に，釣り糸をはじめとした高品質でバラエティーに富むフィッシングタックルを製造し，世界30カ国以上に販売している企業である。釣具の製造に人手を要する工程が多く，事業活動を労働力に頼っている。売上高に対する人件費の比率が高くなる「労働集約型産業」であり，労働力の確保が重要となっている。

　日本では長期にわたって，労働人口が減少していく中で，「どこに安い労働市場を見つけていくのか」が最大の課題になる。ベトナムは若者が多く，物覚えが早くて器用と言われている。また，政治や社会の安定性もあり，進出企業への税制的優遇措置などもあり，さらにASEANの周辺国とは比較にならないほどインフラ整備が進んでいることから，2007年にベトナムへの進出を決め，主に釣り糸の加工，製造を行っている。

　ここ十数年，中国は安価で豊富な労働力を武器に諸外国から巨額の投資を集め，労働集約型産業を支え，「世界の工場」と呼ばれ続けてきた。しかし，技術力の低い労働集約型企業は人件費の安価な地区を求め，輸送コストも割安な東南アジアに投資をシフトしている。

　一方，中国が巨大な需要を生み出せるため，一部の産業をシフトするが，中国市場を無視することはできない。中国における日系企業のASEANへの移

転は，製品の生産コストを引き下げ，利益の最大化を図る措置にすぎないと考える。当社はベトナム現地生産5年後の2012年に，中国市場拡大のため，中国で販売拠点を設立した。この事例は生産拠点としてベトナムへ進出，そして販売拠点として中国に進出した良い例であるともいえる。

事例4：人材確保を目的として進出するオフショア開発委託企業（中国，ベトナム，ミャンマー）

中国の人件費の上昇に伴い，より安いミャンマーへの工場移転を考える動きが増えてきている。中国より安価な従業員の賃金レベルは確かに魅力的だ。一方で，ミャンマーなど新興国においては，インフラ面の未整備をはじめとしたコスト上昇要因も存在する。結果として，中国からミャンマーに製造拠点を移すことは，どの程度メリットがあるのだろうか。製造業でのミャンマー進出は，今のところ製造委託型の縫製業等を除くと，それほど多く進んではいない。筆者は2014年7月にミャンマー・ヤンゴンで開催された日本企業向けの「2015年度新卒者就職フェア」に参加した。そこで，日系中小ソフトウェア企業の本社および現地法人5社の責任者のインタビューをもとに，2014年10月に中国大連に進出している中小ソフトウェア企業2社と2013年9月にベトナムホーチミンの日系中小企業5社の現地調査を比較した。

IT産業は，一般的にハードウェア，ソフトウェア，ネットワーク，情報処理サービスという四つの業界に分けることができる。ソフトウェア産業は，他の産業に見られるような特殊な生産設備は不要で人的資源が基本であるという特徴があるため，ソフトウェア人材は主にソフトウェア開発関連人材（アーキテクト，プロジェクトマネジメント，スペシャリストなど）とセールス・マーケティング関連人材（マーケティングセールス，コンサルタントなど）に分けられるが，前者は一般的に先進国と途上国間の格差が小さく，教育によって比較的容易に埋めることができる。

日本のソフトウェアベンダーや大手のソフトウェアユーザ企業においては，コスト削減を主な目的としてすでに中国への業務委託が相当程度に進展している。これは，中国の外資誘致，外貨獲得および雇用増加といった基本政策の下で，沿岸部だけでなく内陸部にまでソフトウェアパークなどのインフラが整備

され，ソフトウェア産業の誘致，助成の政策となって表れている。近年，ベトナムやミャンマーでは低賃金労働力を背景に，開発委託や海外進出が進み，中国におけるオフショア開発拠点の優位性が崩れつつある。

　筆者が実施したインタビュー調査項目は，進出動機・目的や経営戦略の経年変化などを中心に，①海外展開を考えたきっかけ，②いまの海外展開先を選んだ理由，③海外展開において苦労した点，④海外展開を成功させる秘訣，などを主なポイントとして経営者に細かく聞くことにした。各社の概要は図表6-6の通りである。

　各社からの主なヒアリング結果まとめると以下の通りであった。
〈共通〉
　「人件費の上昇」は，3カ国で共通した課題といえる。投資のメリットに関しては，「市場規模と成長性」を注視している。

図表6-6　インタビュー調査企業

	社名	本社	設立	社員数	海外拠点	事業内容
中国	BE社	東京	2004	106	大連	ソフトウェア開発，アウトソーシング，BPO
	PS社	東京	2005	―	大連・上海　米国	ソフトウエアパッケージ開発・販売
ベトナム	AV社	三重県	2010	42	なし	オフショア開発，翻訳
	IV社	名古屋	2007	20	なし	オフショア開発・パッケージ開発
	ISB社	東京	2003	160	なし	オフショア開発
	ISV社	名古屋	2007	―	なし	オフショア開発・販売管理システム
	SV社	東京	2010	31	タイ	オフショア開発・パッケージ開発
ミャンマー	GI社	東京	2013	60	シンガポール　フィリピン	オフショア開発，コンサルティング
	MI社	東京	2014	27	なし	オフショア開発
	CM社	横浜	2012	61	なし	オフショア開発
日本	AT社	石川県	1994	61	ミャンマー（検討中）	ソフトウェア開発および販売
	IT社	群馬県	2008	30	ミャンマー（検討中）	ソフトウェア開発

〈中国2社〉

　人件費を含めたコストの上昇が最も経営上の問題点として挙げられている。また，人的資源の制約も深刻な問題としている。中国では，日本的な長期雇用制度慣行は存在しないため，高い離職率問題がある。コストを比較的安い内陸部に拠点を展開し始めている企業もあり，事業撤退や第3国へのシフトはまだ考えていないようである。

〈ベトナム5社〉

　チャイナプラスワンの最有力候補として注目を集めるベトナムは，人口9000万人を突破し，豊富な労働力の存在，相対的に安い人件費（日本の1/4，中国の1/2程度）そして安定した政治体制などが評価され，2010年からオフショア開発の新規相手国として，多くの日本のIT企業が進出しはじめている。日本の本社が受注し，現地での対日オフショア開発を行うことにより，全体の開発コストを下げている。さらに，近年では，タイプラスワンの候補地としてもみられるようになっている。

〈ミャンマー5社〉

　長らく続いた軍事政権から2011年3月末にテイン・セイン政権に民政移管されてから，すでに5年が過ぎた。現在はミャンマーブーム的な状況が続いている。人件費は確かに安価ではあるが，電力供給，物流網をはじめ，製造業に必要な基礎的なインフラ面の整備はまだ不十分であるため，モノづくり中小企業の経営は容易ではない。

　ソフトウェア開発人材の確保のため，ミャンマーの大学の新卒を採用し，日本語教育を行っている。ミャンマーに進出した日系企業は本社から直接の投資があり，中国から移転してきたものではないことを確認した。

　3カ国は地域的に近い国々とはいえ，人口規模，宗教などを背景とする社会・国民性，政治体制，経済発展度合いなどが全く違うが，ビジネス上の課題を比較する前提として，図表6-7にまとめておく。

　上記のようなソフトウェア分野における中小企業による中国，ベトナム，ミャンマーへ海外展開を実践する中小企業に対して，ヒアリング調査の結果をもとに分析した結果から，労働集約型ソフトウェア開発委託企業が人材確保のため，中国からベトナム，ミャンマーへ進出してきたことがわかる。

図表6-7 中国・ベトナム・ミャンマーの基礎情報比較

	中国	ベトナム	ミャンマー
人口（万人）	136,076	8,969	6,493
1人当たりGDP（ドル）	6,747	1,902	869
実質GDP成長率（％）	7.7	5.4	7.5
インフレ率（％）	2.6	6.6	5.8
失業率（％）	4.1	4.4	4.0
ワーカーの賃金（基本給，ドル）	375	12.1	12.8
ベースアップ率（12年度→13年度）	9.2		12.8
主な宗教	仏教・イスラム・キリスト	仏教	仏教

出典：IMF・WEO（2014年4月）の2013年の値を利用。ジェトロ「在アジア・オセアニア日系企業実態調査（2013年度）」をもとに作成。

事例5：グローバルSCM構築の繊維産業における日系アパレル企業（中国）

長年，日本の基幹産業として成長してきた繊維産業の製品出荷額は，1991年のピーク時の1/3以下となっている。繊維産業は多様な企業から構成され，川上から川下まで長い分業体制が特徴で（糸，糸加工，織編，染色整理加工，縫製，アパレル，流通），それら企業間の分業によりアパレルが生産されている。アパレル企業は自社開発生産型から，自社開発外部生産，OEM，ODM調達など業態は多様化しているのが現状である。自社開発生産型は，商品差別化を図れるが，商品の市場投入のスピードが遅くなる。一方，OEM，ODMでは，市場投入のスピードが速くなるが，差別化が困難になるとの一般的特徴がある。アパレルのサプライチェーンは近年グローバル化が急速に進展している。特に中国への生産移転が大規模に進行している。この要因として，国際競争が激しくコスト削減のため発展途上国に移転した方が有利になるという考えがある。

たとえば，ファーストリテイリングは，「ユニクロ」ブランドの衣料品の生産を委託している主要工場のリストを公開している。中国，ベトナム，インドネシア，バングラデシュ，カンボジア，タイ，日本の合計7カ国，146の縫製工場の名称と住所である。合計の生産規模は，ユニクロ製品の発注額の8割を超える。拠点を多国籍化させる中でも，商品の品質を維持するための管理体制

を実施している。ファーストリテイリングの「匠チーム」は日本の繊維産業で30年以上の経験を持つ技術者集団であり，紡績，編み立て，織布，染色，縫製，仕上げ，出荷までの工場管理全般にわたる「匠の技」を工場に伝授している。しかし，中国からミャンマーへ生産移管をすれば，製造コストが3～4割削減できるのだろうか？　一般の中小製造企業はそのような恩恵は受けられないのではないか？　中国上海にある日系アパレル企業S社の事業展開事例をあげて考察する。

会社概要
　企業名：S社（上海現地法人）
・設立：2000年6月　中国上海事務所
・本社所在地：香川県
・社員総数　21名（内日本人6名）
・沿革
　2000年6月　品質管理と生産管理の拠点として中国上海事務所を設立。
　2008年　上海現地法人設立。生産管理・品質管理・工場開拓に加え，本社取扱商品の卸売りに特化した海外事業が開始。

　日本本社からの生産の要求に従い，商品企画（規格）から生産，出荷に至る生産管理，品質管理業務を行っている。近年では生産コストの上昇によるさらなるコスト削減に向け，日本からの企画の業務移管，中国内陸地，そして第三国での安定生産体制の構築の検討を行っている。

1．事務所移転（産業集積）
　事務所の拡張と同業・生産地への交通便および業界情報収集力の強化のため，事務所はアパレル企業が集積しているエリアに移転した。

2．本社の生産管理業務を現地法人へ移管（技術）
　日本本社の生産管理業務を現地法人に移管することによって，人件費は日本と比べ約40％の削減ができた。

3．中国における生産地の内陸化（製造）
　生産コストのより安い中国内陸部での生産拠点を開拓し，人件費は2～3割の削減ができた。運送コストを考え，最終製品のコストは1～2割の削減が実現できた。生産委託の拠点を上海近郊から山東省・遼寧省奥地へ移す場合のコ

図表 6-8 コスト試算比較（中国国内）

場所	月間人件費	経費削減
上海近郊	約 3,000〜3,500 元	
山東省・遼寧省奥地	約 2,000〜2,500 元	▲20%〜▲35%
最終製品価格（上海近郊と比較）		▲10%〜▲20%

図表 6-9 コスト試算比較（中国から ASEAN へ）

商品	生産コストの削減	輸入時の関税	削減（合計）
綿 100%商品	▲15%	▲10%	▲25%
合繊混など商品	0〜10%	▲10%	▲0%〜▲10%

スト試算は図表 6-8 の通り。

4．生産拠点第 3 国へのシフト検討（製造）

　S 社は進出先として，ベトナム（ホーチミン，ハノイ），カンボジア（プノンペン），バングラデシュ（ダッカ等）などを検討した。その結果は図表 6-9 の通りである。

　検討結果としては，綿製品の関税免除を考える場合，中国から第 3 国へのシフトにより，25%のコスト減が実現できる。一方，合繊混など商品の場合は，日本輸入時の 10%の関税免除のみというメリットの検討結果がある。

5．現地販売（販売）

　中国でのネットワークを生かし，安価で高品質な日本製品の卸・小売販売を拡大した。2010 年より内販営業活動を始めるも，日中問題等もあり紆余曲折し，現在は日系企業を中心とした職域販売，専門店や商社などへの卸販売およびネット通販を軸に展開中である。

　以上の検討結果から，S 社は東アジアで縫製業工場を持つ意味はないのだろうか？

　第三国に工場を分散化させる意味はあるが，ベトナムやミャンマーに工場を持つことは，チャイナリスクを回避できる点が最大のメリットである。将来的には中国の政治に起因する日系工場への問題の波及，および人件費のさらなる上昇に伴うコストアップの回避，ミャンマーの租税の優遇措置を受けられるこ

とが最大のメリットになると思われる。しかし，少品種少量生産のビジネス，または納期を優先する場合，中国からカンボジア，ベトナムへ移管するメリットがないことは明らかである。

6.4 現地で見た中小製造企業の東アジア進出の戦略行動

　本章では，企業経営の基本活動である製造・販売・技術の視点からインタビュー調査による企業事例の海外展開の変化を図表6-10にまとめ，次の2つ点について考察するものである。第1に，中小製造企業の東アジアへの進出実態はどのような状況にあるか。第2に，中国で事業展開している中小製造企業はベトナム，ミャンマーなど新興国へシフトしているのかである。

6.4.1 「世界の工場」から「世界の市場」へと変貌する中国ビジネスの展開

　中国の改革・開放以降の過去30数年間に，中国の投資環境には様々な変化が起きた。こうした変化に伴って，中国に進出する日系企業の進出戦略はどのように変化してきたのか？

　中国の経済成長は著しく，2010年の名目GDPは5兆8783億米ドルと日本を抜いて世界第2位となり，2015年には日本の約1.5倍の規模になっている。これまでの30年間，対中直接投資をした日本企業はおよそ2万5000社にのぼるといわれている。中国に進出する日系企業数は国別ではトップとなっている。貿易については，日本は2015年の中国の輸出先としては国別第2位で，金額は1357億ドルとなった。輸入でも第3位の1430億ドルと，日本にとって，中国は最大の貿易相手国である。逆に，中国にとっても日本は重要な貿易パートナーとなっている。日本企業の対中直接投資は中国に先進技術をもたらすだけでなく，雇用の創出にも貢献している（中国日本商会，2016）。

　近年の中国の経済発展に伴い，廉価な生産拠点という位置づけから，市場として捉えた企業進出が増えてきた。人件費の高騰や，労働力の確保の難しさといった中国のビジネス環境の変化などを背景に，2015年における日本の対中投資は前年比25.9％減の32億ドルとなり，3年連続で減少している。特に，

図表 6-10　中小製造企業の海外展開の変化（製造・販売・技術の視点）

	製造	販売	技術（労働力）
従来	大手取引先の進出要請 生産コスト削減の対応	大手取引先の海外進出による販路追求	本社派遣，技術を提供
現在	生産拠点の分散，最適化	現地で新規顧客を開拓	現地法人から技術支援 現地労働力・人材確保
事例	中国，ミャンマーへ進出で，国際企業になる （事例1）	現地で新規市場開拓のタイ精密プレス製造企業 （事例2）	人材・労働力を確保のため，労働集約型企業がベトナム・中国へ進出（事例3, 4, 5）

輸出型企業にとっては中国の優位性が低下している一方で，中国を有望な市場と捉え，輸出志向型から現地市場志向型へ徐々に転換している。たとえば，ソフトウェア業界において，オフショアとしての生産拠点を有する企業に加えて，中国をソフトウェアビジネスの市場と捉えて，販売を強化している企業が増加している。

6.4.2　リスク分散型アジア発展途上国への進出

　東アジアを始め新興国の成長は著しく，人々の生活水準は向上し続けている。今では国内市場の縮小や新興国の需要伸張などにより，日本企業が海外市場の成長をいかに取り込むかが大きな命題である。日本企業の競争力を維持するためには，今後成長が見込まれるアジア発展途上国での海外生産拡大が欠かせないものと考える。特に労働集約型産業は，人件費の上昇の影響を受けやすいため，より人件費の安い国・地域へシフトしていくことは，企業にとって合理的な選択である。現在，東アジア発展途上国は一つの有望な投資先として考えられる。

　日中関係の冷え込みや，中国の賃金上昇などビジネス環境が大きく変化し，中国リスクが浮き彫りとなり，日系企業が中国から拠点を移す動き「チャイナプラスワン」という考え方は，中国だけに拠点を持つ地理・政治的リスクを分散する意味のほか，人件費高騰を避ける狙いがある。新たな投資先として，タイ，ベトナム，カンボジア，ミャンマーといった国々が注目されている。ベトナム，カンボジア，ミャンマーの実地調査では，新たな工場を新設し，中国のマザー工場より技術指導を受け，稼働している労働集約型中小製造企業はある

が，中国における生産拠点を閉鎖して，ASEAN に移管してくるという流れはそう多くないことが確認された（繊維産業などの一部の業種を除く）。中国は生産拠点としての魅力は薄れつつあるが，多くの企業は消費市場としての存在は大きいと考えられるために，中国国内の既存工場を残している現状である。

　一方，タイにおいても，人件費が高騰し，ワーカーを確保するのが厳しくなっている上，洪水のリスクなどもあるため，同国での一極集中を避けて，カンボジア，ラオス，ミャンマー隣国に工場を分散する「タイプラスワン」の動きも増えてきている。

　近年，日本の海外投資の動向を振り返ってみると，日本企業による海外生産は，NIEs（シンガポール・香港・台湾・韓国）の輸出加工区への進出から始まり，そして ASEAN（タイ・インドネシア・フィリピン・マレーシア）の輸出加工区，さらには中国の「経済特区」や「経済開発区」にエリアを拡大してきた。その中でも労働集約型企業では，NIEs から ASEAN，そして中国へと渡り鳥的に移転してゆく企業も少なくなかった状況である。確かに，ベトナムやミャンマーは低廉で良質な労働力が豊富であることから生産拠点として魅力的である。最近のベトナムやミャンマーなどアジア発展途上国への直接投資の増加は，国際分業として進められてきた経緯があると共に，製造拠点を中国に集中するリスク分散の意味もあったものと考える。

　かつて安い賃金を理由に「世界の工場」として栄えた中国は，2000 年代に急速に賃金が上昇し，多くの企業は生産拠点を中国から ASEAN に移転しはじめた。一方，昨今，日本企業の進出・投資が増加している ASEAN においては，労働力コストの上昇が課題になりつつある。中国に引き続き，東南アジアでも賃金の上昇が続いている。安価な生産拠点先として注目されてきた ASEAN で，人件費が上昇していると以前のようなメリットは見込みづらくなってくる。ただし，コストが上がる反面，市場としても拡大する見方があるので，進出時の計画段階から，将来の賃金上昇，労働供給力，そして市場成長性などを考慮しておくべきだろう。生産拠点移転先として検討するのであれば，ミャンマーやカンボジアなどといった ASEAN の中でも開発が遅れている地域への進出検討の価値がある。ただし，現地でのインフラの差なども十分に考慮しなければ，思わぬコスト高につながる可能性もあるので慎重な選択が

必要である。

6.5 成功に導く中小製造企業の東アジア進出戦略

　海外進出の動機は千差万別であるが，今回の調査でのインタビュー結果によれば，大手取引先の海外進出に伴って，進出を要請されたという事情が最も一般的である。このほか，労働集約的な業種でより安価な労働力を求めて，人手不足に対処して進出した例も多い。では，このような変化を踏まえて，今後日本の中小製造企業はどのように海外進出の戦略を策定すべきなのだろうか。本節では，東アジア全域にわたる国際分業が進展する中，活路を見出した中小製造企業に焦点を当て，経営リスクを克服し成功を導く東アジア進出戦略を抽出する。

6.5.1　経営者のグローバル・マインドとリーダーシップが求められる

　中小企業の海外展開にあたりもっとも重要なことは，経営者自身のグローバル・マインドとリーダーシップである。この点について，インタビュー調査企業がその重要性を指摘している。

　少子・高齢化の進行などによって国内市場が縮小する中，東アジアを中心とした新興国の成長市場を獲得することは，中小企業の成長に不可欠となってくる。ところが，「海外進出のノウハウがない，海外事業を任せられる人材がいない」といった課題に直面する。大企業と違って，進出先の立地選択など，中小企業の海外進出戦略の立案から実行までの経営全般において，経営者の個人の考えは意思決定に大きな影響力を持つ。経営者が自ら現場の前線に立ち，中小企業の強みである「意思決定の早さ」と「機動力の高さ」を最大限に発揮するべきである。

　近年，アジア新興国では産業集積が進み，一定の品質のモノづくりが容易にできるようになった。また，先端の製造設備の導入や大規模な投資，生産による"規模の経済"を活かして急成長している一方，競争は熾烈を極めている。中小企業は，価格競争や大量生産といった体力勝負の競争を避けるために，経

営分析を徹底して自社の強みを見極め，自社の将来の展望を描いて，進出目的を明確にしていく必要がある。

海外展開を行うためには，語学力だけでなく，多様な文化を受け入れるためのグローバル・マインド，そして経営者のリーダーシップが求められる。中小製造企業が，海外進出を単なる下請け脱出としてではなく，「下請けから国際企業へ」の好機と捉えることは，経営戦略と計画を準備して海外進出を成功させる前提条件である。

6.5.2　進出前に十分な情報収集と多面的検討を行う

海外事業失敗の原因には様々なものがあるが，中小機構は「中小企業が海外事業を成功させるための方法」において，主に以下の4点が「最悪の事態」に結び付くリスク要因と分析されている。

(1) 海外進出前に策定した事業戦略の誤り
(2) 海外子会社の経営管理の失敗
(3) 海外事業の見直しと実行のタイミングの遅れ
(4) 不十分な安全管理による駐在員の生命財産上の有事発生

これらのリスク要因への適切な管理・対応としては，海外進出前，海外進出後を含むすべての段階に応じてリスク管理を行うことが必要である。

リスクを伴わない海外進出は無い。重要なのは経営者が"海外進出"という経営判断を下す前にビジネスリスクを把握することである。「リスク特定」，「リスク分析」，「リスク評価」の総称であるリスクアセスメントは，正確な情報を入手した前提条件のもとで行うため，「正確かつ戦略的情報」を収集・分析し，迅速で適切な意思決定および経営判断として活用することが必要不可欠である。情報化時代には多種多様な情報が氾濫している。しかし中小企業が海外進出を躊躇する理由として多いのが，現地に関する経営情報の不足，理解の不足であると思われる。

進出先国の国民所得，経済成長率，貿易収支，物価上昇率，失業率などのマクロ経済指標は，最近ではインターネット上で容易に取得できるようになった。投資規制，労務・税制，金融制度なども投資環境調査で獲得できる。しかし，単に経済規模が大きい，経済成長が著しい，人口が多いことで，必ずしも

自社の製品への需要が高くなるとはいえない。外国企業や地場企業との激しい市場競争が発生する。

　また，発展途上国では，そもそも統計データが少ない上に，その統計データの見方も，日本と同じではないこともあるため，いくつかの統計データを総合的に組み合わせて検討する必要がある。さらに調査をより詳細に行うため，経営者自らが現地に赴き，現地の業界団体，日系企業および現地企業にヒアリングする必要もある。収集された情報を分析し，意思決定に資する優れた情報を生成する，すなわちインテリジェンス活動が求められる。

　企業が海外進出を検討する際に実施する海外事業化調査（F/S：フィーイビリティ・スタディ）の方法としては，金融機関やジェトロなど公的支援機関の情報提供サービスの利用，マーケティング会社からの現地情報の購入・分析，そして海外投資セミナー・海外投資ミッションの参加による事業化調査の実施を勧めたい。

6.5.3　信頼できるビジネスパートナーの確保

　製造業における海外進出形態は，「駐在員事務所」「支店」「現地法人・独資」「現地法人・合弁」といった様々な選択肢の中から，自社にとってのメリット・デメリットを見極めながら選ぶことになる。

　独資で単独進出の場合，経営の自由度が高いというメリットがある一方で，資金や人材の確保，現地の行政当局の対応，商習慣の適応などをすべて自身が行わなければならないので，中小企業にとっては重い負担となる。一方，合弁やビジネスパートナーとのアライアンスの場合，負担を軽減でき，早期に事業を軌道に乗せやすいというメリットがある。アジア新興国では，出資規制が厳しく，多くの業種において，ビジネスをスタートするには，現地人（所在地の国籍を持つ人）のビジネスパートナーが必要である。その場合，パートナーに裏切られて，経営の主導権やビジネスを乗っ取られるというリスクがある。したがって，信頼できるビジネスパートナー選びは非常に重要で，事業成功の大きなカギとなる。

　またこれまで，日系製造業の海外展開促進に向けて，商社を中心にインフラが整備された工業団地が推進されてきた。こうした工業団地では，日本人駐在

員が現地の工業団地に常駐し，地元自治体との実務対応をするなど工業団地を運営している。他社に比べて契約料は割高であるが，はじめて海外進出を行う中小製造企業にとっては，初期立ち上げの手間が省力化でき，安心感が得られるなど入居するメリットがある。ただ，その後労働者の転職などが起こり，従業員の集まりが困難になる場合も聞かれた。

一見するとどれも当たり前のように思われるが，こうした要件を踏まえたうえでの戦略的海外展開には不可欠といえる。以上のことをまとめると，中小企業にとっては，海外展開に関わる情報・ノウハウの不足や，人材・パートナーの不足，海外業務の経験といった制約要因があるため，海外展開を行う際には，進出目的を明確化し，公的な支援機関や民間の海外展開支援などを最大限に活用しながら，海外展開における様々な課題・リスクを見極めつつ，段階的，計画的に海外展開を進めていくことが求められると結論づけられる。

参考文献

[1] 天野倫文（2005）『東アジアの国際分業と日本企業：新たな企業成長への展望』有斐閣。
[2] 加藤修（2007）『チャイナ・プラスワン—ボーダーレス化進むアジアビジネスのダイナミズム』エヌエヌエー。
[3] 小島清（2003）『雁行型経済発展論』文眞堂。
[4] 指田朝久（2010）「リスクマネジメントに関する国際標準規格 ISO31000 の活用」, TRC　EYE, Vol.266, p.6, 東京海上日動リスクコンサルティング株式会社。
[5] Dunning, J., (1981), Explaining the International direct Investment Position of Countries: Towards a Dynamic or Development Approach, Review of International Economics, 117 (1), pp.30-64.
[6] 中国日本商会（2016）『中国経済と日本企業 2016 年白書』。
[7] 中小企業海外展開支援関係機関連絡会議（2014）「海外展開成功のためのリスク事例集」pp.1-2.
[8] 中小企業庁（2004）『中小企業白書（2004 年度版）』p.138.
[9] 中小企業庁（2006）『中小企業白書（2006 年版）』第 4 章「海外に打って出る」。
[10] 中小企業庁（2008）『中小企業白書（2008 年度版）』p.116, p.124.
[11] 中小企業庁（2010）『中小企業白書（2010 年度版）』p.163.
[12] 通商白書 2012,「第 2 章我が国の貿易・投資の構造と変容」p.190.
[13] 東京海上日動（2012）「中小企業の海外展開（9）危機管理とリスクマネジメント」WIN プラザ【Special-1】, p.1.
[14] 日本規格協会（2012）『ISO/IEC31010: 2009 Risk management-Risk assessment techniques リスクマネジメント―リスクアセスメント技法』。
[15] 日本情報処理開発協会（2003）「わが国 IT 開発拠点の中国移転に関する調査」。
[16] 日本貿易振興機構海外調査部（2009）「第 19 回アジア主要都市・地域の投資関連コスト比較」https://www.jetro.go.jp/ext_images/jfile/report/07000059/cost0905.pdf
[17] 日本貿易振興機構海外調査部（2015）「第 25 回アジア・オセアニア主要都市・地域の投資関連

コスト比較」。
- [18] 額田春華ら（2012）『中小企業の国際化戦略』同友館。
- [19] Barney, Jay B. (2002), *Gaining and Sustaining Competitive Advantage*, Second Edition, Pearson Education Inc., (岡田正大訳『企業戦略論（上）』ダイヤモンド社, 2003 年)
- [20] Helpman, E. and P. Krugman (1985), *Market Structure and Foreign Trade: Increasing Returns, Imperfect Competition, and the International Economy*, Cambridge, MA: MIT Press.
- [21] Helpman, E. and P. Krugman (1989), *Trade Policy and Market Structure*, Cambridge, MA: MIT Press.
- [22] Helpman, Elhanan. (1984), A Simple Theory of International Trade with Multinational Corporations, *Journal of Political Economy*, 92 (3) :451-471.
- [23] Helpman, Melitz and Yeaple (2004), Export Versus FDI with Heterogeneous Firms, *American Economic Review* 94 (1): 300-316.
- [24] Porter, Michael E. (1998), *On Competition*, Harvard Business School Press, (竹内弘高訳『競争戦略論Ⅱ』ダイヤモンド社, 1999 年)
- [25] 松浦寿幸, 早川和伸, 小橋文子（2008）『日本企業の海外進出パターンと国際分業の現状について』経済統計研究, 経済産業統計協会 36 (4), pp.65-78。
- [26] Markusen, James R. (1984), Multinationals, Multi-plant Economies, and the Gains from Trade, *Journal of International Economics*, 16 (3-4) :205-226.
- [27] 三菱東京ＵＦＪ銀行国際業務部（2013）「アジア各国の賃金比較」。
- [28] Melitz, M J (2003), The Impct of Trade on Intra-Industry Reallocation and Aggregate Productivity, *Econometrica*, 71 (6), pp.1695-1725.
- [29] World Bank Group (2015), *A World Bank Group Flagship Report, Doing Business 2016. Measuring Regulatory Quality and Efficiency*, 13TH EDITION, p.5.
- [30] 若杉隆平（2011）『現代日本企業の国際化：パネルデータ分析』岩波書店。

（高橋文行）

結　章

海外進出に関する国際戦略を策定するポイント

　これまで様々な統計データ，企業アンケートデータおよび進出企業支援機関の文献調査をもとに，東アジアの10カ国・地域100社以上の現地法人を直接訪問し，インタビュー調査を行った結果，日本の中小製造企業が置かれている海外進出に関する実態を明らかにした。

　これらの企業は，業種も規模も経営スタイルも違い，また進出時の検討，進出後のマネジメントの状況，進出国の環境も異なっていることから，十分な経営資源を有していない中小製造企業にとっては，成長する東アジア新興国において必ず活路を見い出せる国際戦略を示すことは難しいが，以下の海外進出に関する国際戦略の策定のポイントを提示したい。

1. 海外進出の動機は千差万別であるが，足りない経営資源を外部から取り込むことで，海外で下請け中小企業から独立経営の国際企業になれる。
2. 進出目的を明確化し，十分な情報収集と多面的な検討を行うことで，段階的に海外展開を進めていくことができる。
3. 企業経営の基本活動である製造・販売・技術（人材）の視点から最適生産体制を構築するための東アジア進出を検討すべきである。
4. 海外実務を任せられる人材の確保と育成が重要である。
5. 経営環境変化の激しい東アジアでは，進出後も，リスクマネジメントの視点から事業戦略の再検討が必要である。

　中小企業にとって，製造業種では特に人的資源，生産設備，資金確保の3要素のどれをとっても海外進出のリスクは大きい。本書は日本の中小製造企業の東アジアにおける海外進出に焦点をあて，これまで紹介した事例などを用いて

その事業成功のポイントを示してきた。終章では，今後新たに海外進出する中小製造企業が成功するためにはどのように進出先を選択すべきか，どのような国際戦略を展開するべきか，第1章から第6章を踏まえて，グローバル化の時代において海外進出の立地戦略およびリスクマネジメントの視点から海外事業戦略を論じたうえで，中小製造企業の海外進出に対するインプリケーションを指摘したい。

1. グローバルな立地戦略

　グローバル化の時代において，国際貿易や海外直接投資に見られるように国境を越えた企業活動が拡大している。大企業と比較するとその数は少ないが，現在約1万社の中小企業が海外展開を行っている。企業全体に占める割合で見れば海外展開をしている中小企業はまだ少ないのが現状である。
　国際化を行う動機には新市場志向と新生産拠点志向の2通りがある。大企業の海外進出への追随や，低付加価値品の製造についてのコストダウンのために，国際的に競争が激化する中でより安い労働力を求めて海外に生産拠点を移転し，国内需要が低迷する中で，活路を海外市場に求めようとしている。
　2011年頃から企業規模を問わず中国への直接投資の割合は減少傾向に転じている。他方で，ASEANをはじめとしたそのほかの東アジアの新興国の割合は大きく増加してきた。その背景としては，中国における人件費の上昇，政治的要因と労働争議の頻発といった「チャイナリスク」が挙げられる。各国の経済発展のレベルや産業構造，外資政策，外資の参入状況などが大きく異なるため，労働集約型の業種の中小製造企業は，より安価な労働力と廉価な製造コストを求めて，中国以外の別の国に投資を分散し，「チャイナプラスワン」と呼ばれる経営戦略が検討されている。
　中国政府としても，地域間の調和の取れた発展を目指す政策方針の下，西部大開発計画，中部崛起計画，東北振興計画など地域振興政策を強化する積極的な姿勢を示している。第4章にて中国東北地域とGTI関連諸国との産業別・競合補完関係の分析結果を示したように，中国が「世界の工場」としてのみな

らず,「世界の市場」としての役割を強める中,外資系企業としても,沿海地域に加え,これまで未開拓であった内陸および辺境地域も視野に入れたビジネス展開が必要と考えられる。

　日本にとってASEANが重要な市場であることは間違いないが,ASEANから見れば,中国が貿易相手国として最大のパートナーとなっている。東アジア新興国にも政治的,地理的,経済的および文化的な違いがあり,「市場規模・成長性」および「外資系企業への優遇政策」には大きな魅力がある。東アジア新興国における人件費の高騰が指摘されているものの,「人件費の安さ,労働力の豊富さ」への評価は依然としてある。特に,長らく鎖国および経済制裁を受けていたミャンマーは,2012年4月以降,日系企業による現地進出が増え,縫製業がCMP (Cutting, Making and Packingの略) と呼ばれる委託を受けて加工する形態で投資,進出している。ただし,外資企業は貿易業が認められていないため,ミャンマー国内に現地販売法人は設立できず,代理店を介して販売する必要がある。また,産業インフラが脆弱で,特に電力が大幅に不足していることから,新工場の設立や操業は難しい。日本と官民で共同開発を進めてきたティラワ工業団地が注目されているが,中小製造企業にとってはそのような工業団地の賃料は高く,採算上からも進出が難しい。また,進出後は人的資源を奪われる可能性もあり,現時点では中小製造企業の進出は勧めにくいと考えられる。

　新しい国際化の時代に日系中小製造企業が東アジアで事業展開していく際には,現地の様々な関係者とのパートナーシップ構築が不可欠になる。これからは「チャイナプラスワン」から新たな「つながり」(大野泉, 2015) の段階へと移行することが提起されている。中国で有する経営資源を上手に利用するか,または競争力のある中国企業と組むことにより,日本企業は新たな市場を開拓できるだろう。海外進出を図る中小製造企業は,足りない経営資源を外部から取り込めば,変化の激しいアジアでこそ,中小製造企業の成長の機動力が生まれ,海外で下請け中小企業から独立経営の国際企業になれることが実証された。

2. リスクマネジメントの視点

　これまで見たように，中小企業が国際化を行うまでの道のりは決して平坦ではなく，中小企業は国際化にあたって様々なリスクへの対応が必要である。進出後も，リスクマネジメントの視点から海外事業戦略の検討が必要となる。具体的には，進出前に策定した事業戦略の有効性を継続的確認や海外現地企業の適切な経営管理といった面で検討を行い，その検討結果によっては，早期に進出国からの事業撤退を決断する場合も考えられる。

　世界銀行は世界の約190カ国について，ビジネス活動における規制や制度的環境科目の調査を実施しており（Doing Business 2017），各国のビジネスのしやすさをランキング化した。結果は中国の79位に対して，ベトナムが82位，カンボジアが131位，ラオスが139位となっている。ミャンマーは190カ国中170位と低い評価に留まっている。この結果から，事業展開先の東アジア新興国へのシフトが高い進出リスクを有していることがわかる。

　中小企業の海外進出が拡大しており，今後もこの傾向は続くと考えられる中で，中小企業庁は，中小企業に海外リスクマネジメントに関する理解を深め，必要な対策に自立的に取り組めるよう，「中小企業のための基礎からわかる海外リスクマネジメントガイドブック」（中小機構，2016a），「中小企業のための海外リスクマネジメントマニュアル」詳細版（中小機構，2016b），「各国別リスク事象一覧」（中小機構，2016c）などを取りまとめている。

3. 国際戦略の策定のポイント

　2014年度から2016年度の3年間にわたり，東アジア10カ国（中国，韓国，モンゴル，タイ，マレーシア，フィリピン，ベトナム，カンボジア，ミャンマー，ラオス）約100社以上の訪問を通して，経営者から基本的質問（経営方針，事業規模，取引先企業，創業後の経緯，自社特徴など）を聞き，その後経

営者等に工場を案内していただき，外資企業，地場企業との取引，技術獲得工夫（外資企業側からの技術援助等），生産の重要な要素，工場の管理などを細かく聞いた。研究メンバーの各分野の専門知識を取り込む形で，ここでは，中小製造企業海外進出の国際戦略の策定のポイントを提示したい。

(1) 経営者のグローバル化対応のマインドセットを持つこと

　グローバル化が進む中で，中小企業が成長していくためには，中小企業自身もグローバルな視点を持つことが必要である。中小製造企業においては，海外進出を単なる下請け脱出としてではなく，「下請けから国際企業へ」の好機と捉えるべきである。海外進出を図る中小製造企業は，足りない経営資源を外部から取り込めば，中小製造企業の成長の機動力が生まれ，海外で下請け中小企業から独立経営の国際企業になれる。ただし，海外進出につき失敗のリスクの恐れがある中小製造企業は，海外進出を控えるべきである。

(2) 進出目的を明確化し，段階を踏んで海外展開を進めていくこと

　国際戦略とは海外進出することだけでなく，取引先が海外であるとの認識を持つことが大切である。製造業では特に人的資源，生産設備，資金確保の3要素のいずれにおいても海外進出のリスクは大きい。大企業に比べて経営資源で劣る中小企業が海外展開を行う際には，進出目的を明確化し，公的な支援機関や民間の海外展開支援などを最大限に活用しながら，各企業が海外の国々との取引を通じて様々な海外企業との商取引上のノウハウを蓄積させ，段階を踏んで現地生産，さらには現地販売，第三国輸出まで進めていく必要がある。

(3) 一つ国ではなく，中国の内陸，辺境地域およびメコン経済圏の検討をすべき

　海外進出の動機は千差万別であるが，労働集約型の業種の中小製造企業には，より安価な労働力と廉価な製造コストを求めて，今や中国に代わって東アジアのベトナム，ミャンマーを戦略的な立地国として視野に入れている企業が見られる。企業経営の基本活動である製造・販売・技術（人材）の視点から従来のような単なる人件費や原材料など製造コスト削減の対応だけでなく，企業の生き残りと発展をかけて国内外の最適生産体制を構築するための海外進出を

検討すべきで、思い切って後発新興国に進出して活路を切り開くこともできる。そのインフラが整備された暁には東南アジアの大メコン経済圏（タイ、ミャンマー、カンボジア、ラオスそしてベトナム）、とりわけ陸路網の開発・拡充がなされることで発展が期待されるのである。

(4) 海外実務を任せられる人材の確保と育成をすること

長期継続的な企業経営を考える場合、現地経営者およびコア人材の育成と人材の現地化が非常に重要である。大手企業とは異なり、人材育成に対して時間もコストもあまりかけられない中小企業にとって、即戦力となる人材を確保することは急務である。具体的には、現地社長や工場長といった事業運営を任せられる海外経験を豊富に持つ人材が挙げられる。そして自社に適したコア人材の育成制度の構築・運営を通じて企業のさらなる発展を図っていく必要がある。

(5) リスクマネジメント視点の事業戦略の検討

東アジア進出後における海外事業のマネジメントをリスクマネジメントの視点から検討する必要がある。具体的には、進出前に策定した事業戦略の有効性を確認し、進出後も事業戦略が現状と適合しているかの再検討が必要である。その検討結果によっては、早期に進出国からの事業撤退を決断する場合もありうる。また、資金力の確保が大切である。アジア新興国に進出する場合には設備資金以外に、人件費や仕入れ費用など最低数年分の運転資金を確保すべきである。不測の事態も想定する必要がある。

以上の要件は戦略的海外展開には不可欠といえる。グローバル化が進む中で、中小企業が成長していくためには、中小企業自身もグローバルな視点を持つことが必要である。中小企業が新たな活路を求め東アジア進出に挑戦することは、大企業に比べ資本力や情報力に劣るため、容易ではないことは明らかである。縮小する日本市場にとどまるか。それとも、本気になってアジア市場に進出するか。日本の中小製造企業の経営者は会社の未来のために今こそ決断の時を迎えている。本書が少しでも日本の中小企業の成長戦略のヒントになれば

幸いである。

参考文献
［1］大野泉（2015）『町工場からアジアのグローバル企業へ』中央経済社。
［2］The World Bank（2016）"Doing Business 2017: Equal Opportunity for All".
［3］中小企業基盤整備機構（2016a）『中小企業のための基礎からわかる海外リスクマネジメントガイドブック』。http://www.smrj.go.jp/keiei/dbps_data/_material_/b_0_keiei/kokusai/pdf/82284RM_guide.pdf
［4］中小企業基盤整備機構（2016b）『中小企業のための海外リスクマネジメントマニュアル』詳細版。http://www.smrj.go.jp/keiei/dbps_data/_material_/b_0_keiei/kokusai/pdf/82284RM_manual.pdf
［5］中小企業基盤整備機構（2016c）『各国別リスク事象一覧　中小企業のリスク認識と想定事例』。http://www.smrj.go.jp/keiei/dbps_data/_material_/b_0_keiei/kokusai/pdf/82284RM_jisho-list.pdf

（高橋文行）

索　引

【欧文】

ASEAN　15, 29
ASEAN4　27
CAD/CAM　170
CMP　164, 188
Doing Business　189
EPA　19, 28
ERCOSUR　29
EU　29
FTA　28
GDP　30
GMS　93
GTI　90, 91, 187
GTI関連諸国　89, 91
HS2桁　105
NAFTA　27, 29
OB・OG人材の確保　133
ODM　175
OECD加盟国　103
OEM　175
RCEP　31
SCO　93
TPP　30
TRADP　91

【ア行】

アウンサンスーチー　134
後工程特化戦略　80
アブラハム・マスローの欲求階層説　131
意思決定　181
移転　22
インセンティブ（働かせる仕組みや動機付け）　131
インタビュー調査　186
インフラ提携　125
運転資金　56
円滑なコミュニケーション　86
横断ルート　41

【カ行】

海外進出　7, 90
　──企業の人材育成　132
　──リスク　6
海外直接投資　90
海外展開　16
開業率　9
外国人技能実習制度　133
外国人留学生　133
外国直接投資　134
外資企業　99
海上貨物輸送航路　96
外的報酬（賃金，昇進，昇格など）　133
開発途上国　58
外部リスク　90
海路拠点　41
拡大　22
加工貿易企業　118, 125
過酷な環境　57
華人・華僑　126
韓国系企業の人材育成　134, 144
韓国スタイル　129, 145, 152
韓国貿易協会　100
冠婚葬祭　146
カントリーリスク　13
機械・電機　106
企業事例　116
帰郷創業，故郷建設　124
企業内スペシャリスト　136, 139
危険ライン　44
技術移転　7
技術の棚卸　12
帰属意識　135
吉林省　91, 99
機動力　181
キャリア形成のパターン　136
競合関係　105
競合・補完関係　91

194　索　引

共通課題　124
業務委託　16
協力分野　89, 120
国別人口　36
国を動かす人脈　64
グローバル化　3
グローバル・マインド　181
経営資源（ヒト，モノ，カネ，情報）　132
経営上の問題点　116
経営戦略として人材育成　132
警戒ライン　44
経済協力会議　113
原材料確保　116
現地コア人材昇進の可能性　151
現地人材育成　128, 129
現地調査　92
現地調達実利戦略　83
現地の人材育成　153
コア人材育成　128
コア人材制度　129, 142, 143
コア人材の定着策　142, 151
広域図們江地域　95
工場移転　7
後発新興国　191
鉱物・資源　106
国際化　3, 187
　──の目的　3
国際協力事業　91
国際協力分野　120
国際戦略　3, 186
国際標準化機構　161
国際物流中心地　95
国際分業　159
国内工場閉鎖　61
国内貿易　96
コスト削減型　24
コミュニケーションスキル　9
コミュニケーション能力　137
琿春市　95, 113
コンプライアンス　39

【サ行】

最終消費財輸入額　110
最新鋭設備　117

最低賃金　24
最適経路　134
裁量権の拡大　136
サプライサイド構造改革　48
産業集積　15
産業内分業　105
産業別・競合補完関係　89
事業機会　131
資金問題　118
自社の技術レベル　12
市場開拓型　26
市場拡大　89, 125
市場機会　90, 124
市場志向型　179
下請け　182
下請企業からの脱皮　13
下請脱皮　55
下請脱皮戦略　64
下請中小製造企業　55
ジニ係数　44
地場企業　119
地場輸出額　110
姉妹都市　113
地元出身者　116
借港出海　90
宗教　43
縦断ルート　41
自由貿易地域　91
縮小　22
主要沿海地域　98
少数民族　93
消費拠点　110
初期投資　9
植民地政策　40
新興国　15
人材獲得　125
人材獲得競争　145
人材の育成　154
　──制度の構築・運営　154
人材の現地化　129, 154
進出国の市場戦略　68
進出戦略　89, 92
進出分野　121
人的交流　113

索引　195

人的資源管理　130
　——制度　131
信頼関係　64
　——が決め手　62
水平分業　103
政治体制　43
製造拠点　110
製造材料費削減　54
世界銀行　153
折衷理論　90, 158
設備資金　56
設立経緯　118
繊維産業　180
先行先試　96
戦略的なマネジメントシステム　154
相互依存関係　120
総合的拠点港　97
相互利益　124, 126
組織の能力　131

【タ行】

対外開放　108
第三国への輸出目的　116
第二隣接国　92, 103
タイプラスワン　174
多国間協力　90
ダニング　158
多民族国家　36
単一民族国家　36
単独出資　135
地域間協力　90
地域経済発展　89, 125
地域別・企業形態別経済指標　98
地政学的見地　36
チャイナプラスワン　6, 163
チャイナリスク　163
中核地域　91, 124
中華系の人々　38
中間管理職　140
　——（課長）　148
中継貿易　89
中継輸出額　110
中継輸入額　110
中国国内販売　116

中国人経営者　39
中国東北地域　89
中国の懸念材料　47
中国ビジネス　118
中小企業の海外進出　130
中所得国　45
　——の罠　46
中朝国境都市　108
中朝貿易　108
長期継続的な企業経営　154
長吉図　91
直接投資　16, 102
地理的環境　40, 42
地理的条件　121
賃金水準　116
賃金の高騰　119
低価格製品競争　121
定期運行　89
低所得国　45
テイン・セイン政権　134
鉄鋼・金属　106
撤退　21, 22
撤退を意識した経営　60
ドイモイ政策　154
投資　19, 157
　——環境　113
　——商談　123
　——先国　89
　——地域　126
独自の技術　12
特徴ある技術力　53
図治会　123
図們江地域　89
取引先追随型　24

【ナ行】

内的報酬（仕事の充実感，達成感，成功感など）
　133
内部化優位　90
内陸地域　102
日系企業の人材育成　138, 148
日中経済協力会議　90
日中双方向　115
日中東北開発協会　90

日本海沿岸　112
日本海横断航路　89, 97
日本企業　89
日本品質　52
人間味あふれる経営　62
能力開発機会の拡充　138
農林水産物　106

【ハ行】

パートナー　188
バーニー　157
廃業率　9
発展潜在力　93
発展途上国　179, 183
販路拡大　118
皮革・繊維　106
比較優位　120
　——性　120
東アジア地域　36
　——諸国の比較　35
ビジネス環境　90, 115
品質管理　117
品質不良激減　54
貧富の差　45
物流ルート　97
平均賃金　98
ベトナムにおける韓国系企業と日系企業　143
辺境少数民族地区政策　95
辺境地域　92
貿易海上ルート　97
貿易特化係数　100, 102
縫製学校　147
ポーター　157
他の組織の力　4
北東アジア　89, 95
　——多国間協力　102
骨を埋める　60

【マ行】

未富先老　48
ミャンマーにおける韓国系企業と日系企業　134
民俗学的見地　36
民族構成　37

無駄な費用削減　54
メコン経済圏　190
　——開発事業　143
儲かる経営　74
モチベーション（働く動機や理由）　131

【ヤ行】

優遇政策　95, 121, 125
優遇税制　56
友好交流都市　113
優先開発分野　91
輸出　19, 157
　——加工区　95
　——企業　118
　——先国　101
　——志向型　179
　——入上位　106
　——販売　121
輸送時間短縮　98
輸送・精密機器　106
輸送ルート　97
輸入相手国　101

【ラ行】

来料加工　118
来料貿易　116
リーダーシップ　135, 181
利益志向　137
利害関係　64
陸路網　41
リスクアセスメント　161, 182
リスク対応　161
リスク特定　161, 182
リスク評価　161, 182
リスク分析　161, 182
リスクマネジメント　191
立地特殊的優位　90
労使紛糾　154
労働集約型　106, 141
　——産業　171
労働集約産業　103, 108
労働力　118, 123
　——確保戦略　122
　——不足　119

著者紹介 (あいうえお順)

櫻井　敬三（さくらい　けいぞう）序章，第2章，第3章
横浜国立大学後期博士課程修了
日本経済大学大学院経営学研究科教授　博士（技術経営）
専門分野　技術経営学，イノベーションプロセス論，創造性開発論，中小企業活性化戦略論
主要著作　『ファジーフロントエンド活動による技術革新創成』（文眞堂），『創造的変革の探求』（中央経済社）

高橋　文行（たかはし　ふみゆき）第1章，第6章，終章
静岡大学大学院博士後期課程修了　博士（情報学）
日本経済大学大学院経営学研究科教授
専門分野　経営学，技術経営，経営戦略，経営情報
主要著作　『技術インテリジェンスの基礎と応用』（静岡学術出版），「ものづくり中小企業の国際化戦略―アジア新興国・開発途上国展開への挑戦―」（商工金融）

黄　八洙（ふぁん　ぱるす）第5章
日本大学大学院経済学研究科博士後期課程単位取得
日本経済大学大学院経営学研究科　価値創造型企業支援研究所　研究員
経営行動研究所客員研究員
専門分野　経営学，国際経営，人材マネジメント
主要著作　「韓国企業のミャンマー進出の現状と課題―人材育成に関する現地調査を踏まえて」（大学院紀要　日本経済大学大学院），「韓国とベトナムの経済交流と韓国企業の経営行動」共著『企業統治と経営行動』（文眞堂）

安田知絵（やすだ　ともえ）第4章
日本大学大学院経済学研究科博士後期課程単位取得
日本大学経済学部中国・アジア研究センター　リサーチャー
日本経済大学大学院経営学研究科　価値創造型企業支援研究所　研究員
専門分野　中国経済，多国籍企業，海外直接投資，国際貿易
主要著作　「中国の対隣接諸国への貿易・FDI拡大と『辺境経済圏』の役割」（経済集志　日本大学経済学部），「中国企業の対世界直接投資の決定要因分析：グラビティ・モデルによる計量分析」（日本貿易学会リサーチペーパー）

成功に導く中小製造企業のアジア戦略

2017 年 9 月 30 日　第 1 版第 1 刷発行　　　　　　　　検印省略

著 者	櫻　井　敬　三
	高　橋　文　行
	黄　　　八　洙
	安　田　知　絵
発行者	前　野　　　隆
発行所	東京都新宿区早稲田鶴巻町533 株式会社　文眞堂 電話 03 (3202) 8480 FAX 03 (3203) 2638 http://www.bunshin-do.co.jp 郵便番号 (162-0041) 振替00120-2-96437

製作・モリモト印刷株式会社
© 2017
定価はカバー裏に表示してあります
ISBN978-4-8309-4962-3　C3034